U0585225

小宝贝上学去系列

蓝宝石的来历

秦爱梅　著

作家出版社

图书在版编目（CIP）数据

蓝宝石的来历 / 秦爱梅 著. -- 北京 ：作家出版社，
2013.4
（小宝贝，上学去系列）
ISBN 978-7-5063-6516-1

Ⅰ . ①蓝… Ⅱ . ①秦… Ⅲ . ①故事课 – 学前教育 – 教
学参考资料 Ⅳ . ① G613.3

中国版本图书馆 CIP 数据核字（2012）第 165432 号

蓝宝石的来历

作　　者：秦爱梅
责任编辑：田小爽
装帧设计：张晓光
插图作者：米海兵
出版发行：作家出版社
社　　址：北京农展馆南里 10 号　　　　邮　　编：100125
电话传真：86-10-65930756（出版发行部）
　　　　　86-10-65004079（总编室）
　　　　　86-10-65015116（邮购部）
E-mail:zuojia@zuojia.net.cn
http://www.haozuojia.com（作家在线）
印　　刷：北京明月印务有限责任公司
成品尺寸：145×198
印　　张：5
版　　次：2013 年 4 月第 1 版
印　　次：2013 年 4 月第 1 次印刷
ISBN 978-7-5063-6516-1
定　　价：19.00 元

序言一

温情感悟幼儿成长

谭旭东
著名儿童文学家、评论家

秦爱梅老师在学校工作，很关爱孩子，对教育事业有着发自内心的热爱，而且她也很喜欢写作，出版了不少童书，很受小读者喜爱。

勤奋创作是作家使命感的充分体现。作品是作家的生命线。秦爱梅在短短一年半的写作时间内，找到了适合自己的写作点——儿童文学，把工作以外的精力凝固在作品之中。从这个意义上讲，秦爱梅是值得敬佩的作家。后生可畏。我为当代中国青年作家中出现秦爱梅这样的作家而无限欣喜。

"小宝贝，上学去"系列包括《蓝宝石的来历》、《天大的秘密》和《天底下最好玩的游戏》三本，从不同的生活层面反映了幼儿园孩子的生活，对幼儿生命有着生动活泼的描绘和表现，语言清新纯美，洋溢着童心和爱心，做爸爸妈妈的读者会从中受到很多启发，做幼儿老师的更是可以把它们视作教育读本。而对幼儿来说，这个系列也是亲子阅读的好材料，是早期语言启蒙的好书。

"小宝贝，上学去"的视角很有意思，都是从"小丫"的角度来讲述小孩子的生活、游戏和活动，用小孩子的语言，来表现小孩子们单纯的内心。文中，小丫的班主任果子老师是一位性格温和、很有耐心和智慧的老师，是一位了解童心，也有教育方法的好老师。从果子老师的身上，我们也看到了作家秦爱梅的原型，感受到了作家内心对孩子世界的热爱。

这套系列故事里，塑造了一系列有趣的幼儿形象，如小女孩"小丫"，她古灵精怪、聪明伶俐，看似文静，实际上满脑子稀奇古怪的想法，调皮起来跟"小土帽"比一点儿也不差。有一次她竟然怀疑她妈妈是外婆从外国捡来的。还有小男孩"小土帽"，他被认为是"超级调皮小子"，爱臭屁，是一个让人既喜欢又头疼的小家伙。在作家的笔下，"小土帽"是一个"快乐幸运星"类的角色：每天有他在身边，保准你笑口常开，如果你的身边少了他，你会觉得像是吃了忘记放盐的食物，淡而无味。故事里，还有"胖丫"、"小呆瓜"和"小丫妈妈"等幼儿和大人的角色，他们都给读者深刻的印象，带读者走进快乐的儿童世界。

现在儿童读物市场很大，很多作家都在写小学生生活故事，都在写动物小说、成长小说和青春文学，很少有作家能够潜心地为幼儿写故事。过去，郑春华写过《大头儿子和小头爸爸》，因为很原生态，而且能够准确把握幼儿的心理，呈现幼儿的生活，很受读者欢迎，也为她赢得了很多声誉。现在秦爱梅来专心为幼儿写作，是非常值得肯定和支持的。幼儿园的孩子，需要儿歌、童谣、幼儿散文和童话，还需要生活故事，尤其是启迪幼儿生活智慧，对幼儿行为和性格养成有引导性的故事，是非常需要的。"小宝贝，上学去"系列用日记体的方式，给幼儿故事的写作提供了一个成功的样本，相信很多作家也会学习借鉴。同时，它们的语言清新纯净中又显趣味幽默，因此也值得儿童文学作家学习。

最后想说的是，"小宝贝，上学去"系列里还安排了一些有趣的亲子游戏和活动，这些对幼儿的家长和幼儿园的老师无疑是一种教材。亲子教育是一门大学问，很多家长都把幼儿的教育完全寄托给幼儿园的老师是不对的，因此，书中的很多关于家长和亲子游戏的内容，最值得家长们用心感悟。

总之，"小宝贝，上学去"系列让我们对幼儿故事的创作有了更多更美的期待，也让我们感受到了任何一位有爱心的人都可以从成长的生命那里得到人生最高的智慧，也能找到人生最初的快乐！从这一点来看，秦爱梅是一位了不起的作家，她用爱心，用智慧，用饱含情感的文字，给我们展示了一个纯净的童心世界！

2012年初夏于北京西山之麓

序言二

一朵花的绽放

吉忠兰

2010年《中国教育报》"推动读书十大人物"提名奖获得者

　　早些时候，我在QQ里对秦爱梅说，什么时候出新书，我要啰嗦几句。她欣然同意。我之所以提这样的要求，是因为，我和秦爱梅的关系相当"复杂"。

　　我们是同行。她在幼儿园，我在小学。几年前，我们的工作单位在一条东西走向的马路两侧，相距不过一公里。她，曾是我的学生家长，当然是家长中最有"慧根"的一个，"家长读书会"后，写过洋洋几千字的感想；我，也曾经是她的学生家长，一个热衷于儿童阅读推广的家长。我们是书友。自2007年一同去扬州参加"'亲近母语'早期儿童阅读论坛"，见到"花婆婆"——方素珍后，秦爱梅经常到我家借书、聊书，我们两家正好住在一条南北走向的水泥路两边，相距不超过两公里。我们同为追梦人。2009年的夏天，我们带着孩子，乘坐同一列动车，去金华参加"童诗年会"，2010年暑假，又相约"海门童诗年会"。就是在这样的盛会上，秦爱梅遇到了蒋风、圣野、金波、安武林等儿童文学大家。现在，我是她的读者，每有新书，我总能先睹为快。

秦爱梅是勤奋的，短短几年，笔耕不辍，写出了几十万字的儿童文学作品。在最初的癫狂的日子里，我可以想象，她如何通宵达旦地阅读，做读书摘记；哪怕是半夜灵感降临，她都会爬起来在小本子上记录，那间斗室，见证了她辛勤付出的点滴。她的《小丫，快跑——HAPPY小丫成长日记》等书在我们班传阅，孩子们非常喜欢。

秦爱梅是擅长创新的。无论是《我的第一本心理日记》，还是这套"小宝贝，上学去"在形式上都是新颖的。在这套书里，有趣的日记体故事，加上"小丫问"和"亲子乐园"，孩子们一定会流连其间，乐此不疲。她的语言活泼、俏皮，充满生活气息。大概是长期和那些天真烂漫的小不点儿在一起，她也被浸染得纯真和无比可爱。她就是落入凡间的天使，陪伴在孩子们左右，给他们讲好听的故事，也从他们身上汲取"养分"，源源不断地创作出属于他们的故事。

我想引用一个准"孩子王"的读后感，因为，在潜意识里，我希望这个可爱的实习老师，能够以秦爱梅为榜样，在未来的教育生活中书写属于自己的"奇迹"。王金华老师在《宝贝，你就是那一朵百合花》中说："如果你的家中有个小宝贝，他又正值上学之际，请甜甜地告诉他'小宝贝，上学去'。一家人在静静的夜晚，翻开书，这本书中的故事或许就是你们身边发生的事……'天香百合月'多么富有诗意，百合花的花语中最重要的一个就是纯洁，孩子的心灵，不就是像那一朵朵百合花么？……"

　　是的，秦爱梅也是盛开在儿童文学百花园中的一朵还带着露珠的百合花，那么恬淡和美丽。她的芳香的文字，会陪伴很多的家长和孩童度过许多难忘的"睡前时光"，温暖童年的心灵，也点亮我们这些已经长大了的"孩子"的眼睛，融化我们已经变成"铸铁"的心灵。

　　阅读"小宝贝，上学去"的同时，我正好浏览了张纯如的故事，我被这个年轻的历史学者的勤勉和严谨所打动，她为了写好一部书，花好几年的工夫天南海北地搜集资料。那个时候，我想到了秦爱梅——年轻的儿童文学作家。我非常期待，她在灵感迸发，潜心写作的同时，能够一如既往地饱读中外名篇，我相信，她的笔下一定会诞生出不朽的经典之作。

　　祝福秦爱梅，一路关注，一直期待，永远支持，尽情喝彩！

小丫：古灵精怪、聪明伶俐，看似文静，实际上满脑子稀奇古怪的想法，调皮起来跟小土帽比一点儿也不差。有一次她竟然怀疑她妈妈是外婆从外国捡来的。

小土帽：超级调皮小子，爱臭屁，一个让人既喜欢又头疼的小家伙。每天有他在你身边，保准你笑口常开，如果你的身边少了他，你会觉得像是吃了忘记放盐的食物，淡而无味。

1

小呆瓜：一次他把苹果吃进肚子，然后拼命地喝水，他爸爸问他是怎么回事儿，小呆瓜说，刚才忘记洗苹果，现在得要好好洗洗。

果子老师：有一头长长的头发，跟妈妈一样喜欢念叨，总是一丝不苟。发脾气时特别喜欢闭着眼睛一个字一个字地叫。最让人喜欢的

是，果子老师好像是那会施魔法的仙女，小朋友想什么她总能知道。

胖丫：爱吃甜食，目标是吃更多的甜食而不会蛀牙，最大的爱好就是吃和睡，一次午睡竟然忘记起床。

小核桃：胆小怕事，脚底下的一根绳子都能把她吓得半死。

小丫妈妈：喜欢灭小丫的威风，长小土帽的志气，总是命令小丫不许这样那样，但见到小土帽就啥都准。

小丫爸爸：全世界最会讲故事的爸爸。

目录

天香百合月1日　星期一

天气：天空像是用灰色的蜡笔刚画过

我们不会游泳

金色的秋天到了，果园里的果子熟了，小朋友们，我们一起摘果子去吧！

听着听着是不是有点心动了！你的脑海是不是闪过了许多红彤彤的大苹果、黄黄的香蕉、咧开嘴巴的石榴、酸酸甜甜的橘子……接着口水流下

3

来了吧?

　　呵呵，别不好意思承认，我一猜就知道你们一定流口水了耶！哈哈！

　　瞧！果子老师刚说果园的果子熟了，胖丫的嘴巴就开始吧咂吧咂起来，接着口水就顺着她的口角流了下来。

　　"哦！哦！哦！闹水灾了！"小土帽阴阳怪气地惊叫起来。

　　大家的目光一下子从果子老师的身上转移到了小土帽的身上。

　　"哪儿闹水灾呢？"大家一起问道。

　　小土帽才不管大家的怪怪的目光和责问呢！小土帽一个劲儿地在自己的位置上傻笑，脑袋瓜子还一直左右甩个不停。说实话，虽然我和小土帽不是世界上最好最好的朋友，但，此刻我又真有点替长在他脖子上那颗脑袋担心，担心那颗脑袋即使不掉下来也会被甩成脑震荡。

　　小土帽甩得正起劲儿时，果子老师走了过来。小土帽看到刚才还坐在钢琴凳上的果子老师，一下子就出现他的眼前，吓得把张开的嘴巴，紧紧地闭上了。我想，果子老师大概是想听小土帽解释，他为什么一会儿怪叫、一会儿甩头，还有为什么笑那么长时间嘴巴也不会酸？

　　可是，果子老师没要他解释而是数落了他一顿。刚才我们给了他机会，可是他不珍惜，不好好把握好，这怪谁呢？只能怪他自己呗！

　　又正当我们把目光从小土帽身上移到果子老师身上时，小土帽又大声地叫了一句，真的闹水灾了。

　　我真怀疑小土帽吃过豹子胆，不然他不会这么大胆，刚被数落一顿即刻又神气起来。记得果子老师经常对我们说，你们吃了豹子胆了吗？这么大胆，简直无法无天了。

　　我们顺着小土帽手指着的方向看去，发现胖丫自我陶醉

5

在果园梦里，口水流得地上湿了一大片。

"胖丫。"听到我们的喊声，胖丫终于回过神儿来，回到了现实。

我们终于把胖丫从果园梦里给拽了回来。

若不是小土帽的一声怪叫，我们还不知道要等到什么时候才能发现一直留着口水的胖丫呢！从目前发展的状态看下去，我估计胖丫的口水不流成一条小河也得汇集成一条小溪。

此刻，我还真想代表全班同学对小土帽说声谢谢，是他救了我们的命，因为我们都不会游泳，当然他也救了自己一条命，因为他也不会游泳。

小丫问：豹子是世界上跑得最快的动物吗?

妈妈答：猎豹是动物世界中的短跑健将，它们栖息在亚洲和非洲。当它们猎捕其他小动物时，奔跑的速度可以达到每小时113千米。

亲子乐园

连线游戏

给小丫和小土帽选上合适的衣服，用直线连接。爸爸妈妈别忘记给小不点们加油哟！

天香百合月2日　星期二

天气：听着外面的风声，真想躺在被窝不起来。

一个擦一个看

今天我们来玩一个游戏……果子老师一边擦着黑板一边对我们说。

听到玩游戏，大家都乐得嘻嘻地笑着，有几个高兴过了头的调皮鬼，竟然"é、é、é"地怪叫起来。

"é、é、é什么？没见过擦黑板吗？"果子老师严肃

地说。

"é。"

小土帽和胖丫，不知道是没有听清楚老师的话，还是故意恶作剧，异口同声答道。

"你们真的没见过擦黑板吗？"果子老师扭过头看着他们再一次问。

小土帽和胖丫看到果子老师脸上一点笑容也没有，不敢吱声了。

"如果真的没见过，那正好，你们两个配合一下，一个擦一个看。然后再交换，刚才看的换着擦，刚才擦的换着看。"果子老师唠唠叨叨地说了好一段。

"我们看过。"小土帽和胖丫，不约而同地说。

平时说不上三句话，就会闹翻天的胖丫和小土帽此刻竟然如此的默契，真是士别三日刮目相看。不对不对，应该说是，"士别一夜刮目相看"。

教室里此刻是鸦雀无声，我们大气都不敢出一口，果子老师转过身继续擦着黑板。

擦好黑板，果子老师接着刚开始的话继续说："我们从1数到50，当数到5和10这两个数时，嘴巴不发出声音，用手拍手表示……"

"é……"小土帽不知道是太激动了还是不长记性，又忍不住"é"了起来。

　　果子老师的耳朵可灵敏了，她一下子就听出了是小土帽的声音，接着就把目光锁定在小土帽的身上。

　　小土帽看着脸气得刷白的果子老师，吓得个半死，赶紧用手遮住嘴巴说："我不é了。"

　　小土帽看果子老师好像没有打算要放过他的意思，又强调了一句："我真的不再é了，我用手遮住嘴巴，骗你我就是小狗。"

　　你瞧，小土帽是不是特土、特傻，竟然和果子老师玩起了我们小孩子之间的那一套，就差说拉钩上吊一百年不变了。

　　看着小土帽一脸认真的样子，果子老师忍不住笑了，不忍心责备他了。

　　游戏开始了……

　　1、2、3、4、啪，6、7、8、9、啪，啪、啪、啪、啪啪、啪啪啪、啪啪……大家按照游戏规则玩着"数数拍手"的游戏。正当大家玩得起劲儿时，一个不和谐的拍手声响了起来。

谁？谁？谁？

大家的目光开始在教室的每一处搜索着，晕的，又是小土帽，小土帽正愁眉苦脸地看着自己的两只手。

这次还没等到果子老师开口，小土帽赶紧站起来解释道："果子老师，我也想听你的话，数到5和10时拍一下手，可是我的手就是不听我的话，它们就是要一下子接着一下子地拍，我不让它们拍，它们偏要拍。"

小土帽说完一脸无辜地看着果子老师。我看见果子老师捂着头，闭着眼睛，长长地吐了一口气，一句话没说端起茶杯猛喝几口水，走出了教室。

　　刚才我真替果子担心，生怕她的肺子会爆炸，当然是小土帽气的。

　　小丫问：人体的肺子起什么作用?

　　妈妈答：肺在人体的上身部分，肺向上连接口鼻已供人体的呼吸功能，向下可影响大肠的排泄功能，是人体五脏（心、肝、脾、肺、肾）六腑之一，是人体的重要器官，肺在人体内的主要作用有两大方面：一、肺主气，主皮毛，开窍于鼻；二、肺司肃降，通调水道。

亲子乐园

拍手数数游戏

小朋友，和你的爸爸妈妈玩一玩果子老师教小朋友玩的游戏吧！游戏中可以用掌声替换数字5和0，还可以用跺跺脚、弯弯腰等不同的形式来玩哟！

游戏规则：从1数到50，每当数到5和10时嘴巴不出声，用拍手表示。如1、2、3、4、拍手，6、7、8、9、拍手，11、12、13、14、拍手。

天香百合月3日　星期三
天气：太阳大概生气了吧

我上托班时是啥样呢？

记得上幼儿园时，我们班有一个小朋友过生日带来一个很大很大的生日蛋糕，果子老师分了一些，让我送给托班的弟弟妹妹。

当果子老师点到我名字的那一刹那，我高兴地张着嘴巴，差点都忘记合起来。不过，还好，最后还是记起了。

知道吗？我们班的小朋友都喜欢帮果子老师做事，能帮老师做事的就是小老师，长大了就会真的可以当老师了。

当老师好处可多了：

当老师可以想给谁贴小红花，就给谁贴小红花。

当老师想什么时候表扬自

14

己，就什么时候表扬自己。

当老师可以在教室里随便走来走去。

当老师可以中午不要睡觉，睁大眼睛看着小朋友们睡觉。这是最让人羡慕的了，因为我们都不喜欢中午睡觉。

……

总之，我们都喜欢做老师。

刚走到托班教室门前，我就听到一个小男孩的哭声。

我轻轻地推开门，看到托班的甜甜老师手中抱着一个哭泣的小男孩。

"不哭了森森，甜甜老师抱着你呢！"甜甜老师说。

"我……我……我要妈妈。"那个叫森森的小男孩断断续续地哭着说。

"妈妈一会儿就来接森森，哭着要妈妈的宝宝，甜甜老师不喜欢。"甜甜老师说。

"甜甜……老……师，我不哭着……要……妈妈，我……哭着……要爷爷……好吗？"小男孩可怜巴巴地看着甜甜老师，说完又哇哇地大哭起来。

甜甜老师不知道该怎么回答小男孩的话，干脆一句话也不说，就这样把他抱在手上。

这些小屁孩真是又好气又好笑，哭着要妈妈和哭着要爷爷有区别吗？反正都是一个意思——要回家。

　　我上托班时，会不会也和这个小屁孩一样幼稚呢？我脑子里突然冒出这个奇怪的想法，想到这里我和甜甜老师打了声招呼，放下蛋糕赶紧回自己教室去了。我生怕，甜甜老师会突然间也会产生和我一样的想法，如果我也和这个小屁孩一样幼稚，那真是丢死人了。

　　小丫问：幼儿有托班、小班、中班、大班，那么小学里呢？

　　妈妈答：小学里分为六个年级，每个年级根据人数的多少再进行分班，小学阶段属于九年制义务教育的前一阶段。

亲子乐园

看谁做得对

请在做得对的小朋友下面的五角星里涂上红色。

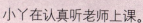

小丫在认真听老师上课。

小土帽和胖丫在座位上交头接耳说话。

天香百合月4日　星期四
天气：风吹在脸上有点疼

小馋猫

　　今天上课时小土帽可认真了，没有乱讲话。每次讲话之前他都会举手，也没有像往常一样一会儿就搞一些恶作剧，一会儿就莫名其妙地é一下。

　　小土帽的异常举动，我有点诧异，难道我眼睛近视看错了吗？

　　与其说我怀疑自己的眼睛近视，倒不如说是坐在我前面的人是小土帽找来的替身。

　　为了证实我的想法是正确的，我用力地揉了揉眼睛，然后仔仔细细、认认真真地把坐在我前面的人打量了一番。

　　哎呀！我的妈呀！这个土得不能再土的大活人，不是小土帽还能是谁呢？

　　今天真是太阳打西边出来了。太怪了！太令人费解了！

太让人想不通了！太……我不知道该太什么了，难道这是小土帽新发明的恶作剧？——让我费尽脑汁就想太什么太什么吗？

还好，我只想到第四个"太"就打住了，应该不算太笨吧？

对的，不笨，四个又不是四百个，不笨的。

我就这样自问自答，算是自我安慰吧！

果子老师看到小土帽今天这么乖巧，把他大大地赞扬了一番，还奖给了他一块糖。看着小土帽手中的糖，不知道为什么我嘴里突然间有了那么多的口水，那些口水滑动的速度很快，就像水里的泥鳅，哧溜一下就蹿出去好远。

这时，我的脑子里突然冒出胖丫上次流口水的馋样。我吓得打了个哆嗦，用最快的速度把快要流出嘴角的口水给咽了下去。

还好，刚才的糗样谁也没看见！哈哈哈！这一切真是神不知鬼不觉！哈哈哈！我现在真有点佩服自己了，真想一下子奖励自己5朵小红花。不过这是不可能的事儿。空想而已。

小土帽这家伙还算够朋友，把糖分给了胖丫一点，胖丫又把糖分给了我一点，不过我没要。你们可别误会，别以为我不要是嫌分得少，我是在想，下次我要靠自己的努力得更多的小红花和糖。

后来不知道果子老师怎么知道了我的这些想法，说我也是小馋猫呢！不过，我一点也不生气，我心里很喜欢小馋猫这个外号。哈哈哈！

你也笑了对吧！我都听到了，别不承认哟！哈哈哈！

小丫问：泥鳅是什么？

妈妈答：泥鳅也是鱼，体较小细长，前段略呈圆筒形；泥鳅头部较尖，形，埋　头部无鳞，体表鳞极细小，圆于皮下；泥鳅的体表黏液丰富。

亲子乐园

画一画

妈妈从超市买回来很多你们爱吃的东西，请你帮助妈妈把食物按照零食、饮料、点心、蔬菜、水果分类放在冰箱里。想一想，那些食物放在冰箱的哪个部位比较合适，请你画一画。

天香百合月5日　星期五
天气：有点怀念吃冰激凌的日子

不小心得做减法

"呜呜呜，果……子……老……老……师……"
小核桃哭着走到了果子老师身旁。

"你怎么了？"在叠被子的果子老师看
到哭得稀里哗啦的小核桃，吓了一跳。

"那个……那个……那个小土帽刚才
……刚才……推了我一下，把我的头撞在
……墙……上了……"小核桃那个了半天
终于把满肚子的委屈说了出来。

当果子老师听到小核桃说，头撞在墙
上的那一刻，吓得脸都绿了。

"快让果子老师看看。"

果子老师把小核桃的头部仔仔细细地检查了一番，没发
现异常现象，脸色才有所好转——由绿逐步转变为正常。

"吹一吹，揉一揉，小核桃是个勇敢的好宝宝，不疼
了。"果子老师帮小核桃揉了揉刚才撞到的部位。

依偎在果子老师怀里的小核桃被果子老师这么轻轻一揉，又一表扬，觉得心里像是长了一轮春天里的太阳——暖暖的，疼痛一下子都跑光了，使劲儿地点着头说，一点儿都不疼了。

看着小核桃依偎在果子老师的怀里，我羡慕死了，心里想着如果刚才小土帽推倒的那个人是我那该那好啊！那么现在依偎在果子老师怀里的那个人就是我了，或许你们认为我有这样的想法有些不正常，但，这的确是我内心的真实想法，我也不知道我为什么会这么想。

接下来，果子老师会怎么惩罚小土帽呢？我煞费苦心、绞尽脑汁、冥思苦想着……

果子老师凶巴巴地看着小土帽，向小土帽招了招手，小土帽乖乖地走来了。

果子老师把小土帽按在桌上，扒开小土帽的裤子，接着挥起大手在小土帽的屁股上啪啪啪几下，接着小土帽鬼哭狼嚎地大叫起来，"哎呀，我的屁股，果子老师饶命呀，不，果子大王你饶了小的吧，下次我再也不敢了……"

哈哈哈！越想我越觉得好笑，接下来肯定会是这样。

没想到，我失算了。

我忘记了果子老师不是我妈，只有我妈才会扒开人的裤子——啪啪啪。果子老师是从来不会打人的，最多瞪瞪眼睛，拖长音大叫几声。

果子老师一句话也没说，瞪了小土帽一眼，小土帽立刻像被霜打过的茄子，耷拉着脑袋，一声不吭，神气不起来了。

一场暴风雨就这样无声无息地过去了，真有点失望！

果子老师刚转身，小核桃又呜呜地哭了起来。

"你怎么又哭了？"果子老师疑惑地问。

"呜呜！果子……老……师……小土帽把他的椅子放在我的脚上。"小核桃一脸痛苦的样子。

"不是，是……"小土帽还没等果子老师发话，赶忙抢着解释道。

可是他越想解释清楚就越说不清楚，你瞧，一会儿不是一会儿是的，只要是正常人肯定都没法听懂他的意思。

"什么不是、是？"果子老师怒气冲冲地看着小土帽。天啦！大事不妙，我觉得果子老师像是要把小土帽给吃了。

我想，小土帽的尿大概都吓得流出来了吧！谁让他没事找事呢？这就叫作自作自受，活该！

"我……我不是故意把椅子放……放在小

24

核桃脚上的，我是……是不
小心。"小土帽硬着头
皮，结结巴巴地想给
自己辩解一下。

"你的
不小心，
哪有这么
多的了，
你一天有
多少个不
小心？我看你
的不小心得做减
法。"果子老师气不打
一处来，终于爆发了。

"不小心做减法？"小土帽有点不明白果子老
师的话。

是呀，聪明的我都不明白不小心做减法是什么意思？小
土帽又怎么能明白呢？

"我的意思就是，你的不小心太多，要减减，减得越少
越好，最好减至为0这样更好。因为你的不小心总是换来别
人的伤心，和我的操心。"果子老师不管小土帽是否明白她

的意思，按照自己的意思解释了一遍。

我是听明白了，果子老师大概的意思就是让小土帽做事要细心点，不要总是粗心大意。也不知道小土帽懂了没有?

小丫问：霜是怎么形成的?

妈妈答：白天，大地由于受到阳光照射，地温升高，水分蒸发，接近地面的空气含有较多的水汽。初春、深秋和冬季，天气寒冷，在天气晴朗的夜晚，地面热量散失很快，当地面上的一些物体的温度降到0℃以下时，空气中的水汽就会凝结成冰晶附着在物体上，这便是霜。

亲子乐园

快乐连线

亲爱的小朋友，请你将左面的花朵与右面相对应的茎连起来。连正确了，别忘记让妈妈给你贴一朵小红花哟！

小核桃的头疼病

果子老师在黑板上出了几道数学题，然后对大家说，我
们一起来先做第一条，剩下的让你们自己动脑筋做。

★★★，　★★★★★……

　　∧　　　　　∧

★　（　）　（　）★★

说完，果子老师还加了一句——相信你们都能自己做，
因为你们都是聪明的孩子。

听到果子老师的夸奖，同学们一个个龇牙咧嘴地笑着：

两个字："开心"。

三个字："很开心"。

四个字："非常开心"。

六个字："特别特别开心"。

当大家认真做数学题时，小土帽忽然大叫起来，"果子
老师，果子老师……"

果子老师果子老师地叫了半天又不说什么事儿，老讨厌

的了。那神情不亚于哥伦布发现了新大陆，小土帽到底有什么事儿呢？

数学题做好了？想在果子老师和同学面前炫耀一下？哼！臭美，有啥了不起的，不就是做题比我们快一点吗？我讲故事、背儿歌、诵童谣……都比他好，如果都说出来，一屋子都装不满。

我胡乱猜想着。

"果子老师，小核桃说她头疼。"小土帽终于把他想说的话表达完整了。

晕！闹了半天，原来是要说小核桃，一点新意都没有。

"头疼"谁信呢？真的不想解释小核桃头疼"病"了，但是我不说明白，你们准得冥思苦想老半天。因为这些我深有体会，要去想一个根本没有答案的问题，真是件折磨人的事儿，所以还是我来告诉你们吧！

小核桃又准备演戏了，每次只要果子老师让做数学题目，小核桃一准会说，她头疼。小核桃装病这个鬼把戏刚开始还真管用，只要她说头疼，果子老师就会让她休息，还倒茶给她喝。

有一次果子老师刚让大家做《综合用书》上的数学题，小核桃就说她头疼，果子老师用不解的眼神看了看小核桃，像是在说，怎么我每次一说做题目，小核桃你就会头疼呢？果子老师费神儿想了老半天，就是没想出来。

唉！这么简单的道理，这么聪明的果子老师，怎么就想不到呢？当然是怕做数学题呗！

这次果子老师变聪明了，她把体温计放在小核桃的胳肢窝下，大约过了5分钟的时间，果子老师从小核桃的胳肢窝下取出体温计，果子老师看着体温计上显示的数字自言自语道：36.5度加上0.5刚好是人的正常体温37度。

忘记告诉你们，温度计放在胳肢窝下量体温得加上0.5才是人的正常体温，如果放在舌头下面量就不需要加0.5。

还没等果子老师问小核桃是怎么回事儿，小核桃已经乖乖地拿起笔在认真地做算数题。果子老师看着"头疼病"突然间就好了的小核桃，有点明白了小核桃的"病因"——怕做算数题。

小丫问：哥伦布是谁?

妈妈答：哥伦布是意大利航海家，先后4次出海远航发现了美洲大陆，开辟了横渡大西洋到美洲的航路，证明了大地球形说的正确性。

亲子乐园

数字游戏

亲爱的小朋友，你会帮小核桃做下面的题目吗？

1.请将双数手套涂上红色。

2.请将单数的手套涂上蓝色。

3.第一行左边手套和第二行右边的手套数字相加等于几？

4.说出第一行第二个手套上数字的分成。

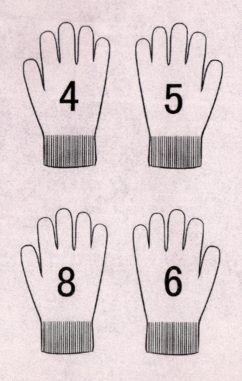

　　亲爱的小朋友们，相信在这个星期你也一定有很多好玩的趣事吧！说出来大家一起分享哟！

智力大冲浪

1. 下列不属于水果的是？

　　① 梨子　② 香蕉　③ 西红柿　④ 菠萝

2. 找出下列得数是单数的算式

　　① 1+5　② 2+0　③ 5+4　④ 4+4

3. 关于冰箱制冷工作原理说法错误的是？

　　① 冰箱并不是"制造冷气的机器"，而是一种用来吸收食品中的热量的装置。

　　② 它利用称为"制冷剂"的液体，将食品中的的热量"抽取"出来并转移到冰箱外面。

　　③ 制冷剂通过冰箱的一系列装置流动，主要包括3个基本的部件：压缩机、冷凝器和蒸发器，并不断重复同一个制冷循环（近似卡诺循环）。

　　④ 小仙女施了冰冻魔法。

4. 生活在大海里的鱼有？

　　① 鲤鱼　② 鱿鱼　③ 比目鱼　④ 黄鱼

　　亲爱的小朋友你答对了吗？如果答对了，让妈妈奖励你一个甜蜜的吻吧！

答案：

1.③ 西红柿

2.③ 5+4

3.④ 小仙女施了冰冻魔法

4.② 鱿鱼　③ 比目鱼　④ 黄鱼

天香百合月8日　星期一
天气：枫叶飘呀飘呀

新来的转学生

今天我们班刚转来一个新小朋友。哦！差点忘记了，我现在已经是一名小学生了，应该说我们班刚转来了一个新小同学。因为我太怀恋上幼儿园的日子，所以总喜欢把同学说成小朋友。

这个新同学长得蛮喜兴的，我这样说或许你们不太明白，简单地说就是这个小朋友总喜欢笑呵呵，不管看到谁、不管别人对他说什么，他总是一脸笑呵呵的样子。我估计这个新同学就姓笑，要不然他干吗有事没事地傻笑呢？

"果子老师我的橡皮不见了。"同学们都在设计标志，突如其来的一句话打破了教室里的安静。

不需要动脑，只要稍微眨下眼睛就可以知道，说这句话的人肯定是新来的转学生。因为像橡皮不见了这类芝麻绿豆般的小事儿，只有上幼儿园时，我们才会幼稚得报告老师，现在我们已经是小学的学生了，除了刚来的新同学，还会有

36

谁这么幼稚呢?

哈哈哈!真是太好玩儿了!难道喜欢笑的人做的事儿也是那么好笑吗?如果真是这样,那以后我们定会越活越年轻,因为我果子老师常说,笑一笑十年少。

不好,不好,每天都哈哈大笑,就会越来越小。我们现在已经够小的了,才7岁,如果比7还小的话,那不是成婴儿了吗?我可不愿意再变回躺在婴儿床上的小屁孩了。为了我们不再做回小屁孩,我觉得当务之急得想个办法阻止新同学的幼稚行为。

"果子老师,你刚帮我找到的的橡皮不知道又跑哪儿去了。嘻嘻!"

晕呀!橡皮不见了,还笑,我不得不佩服新来的同学心态好。

"别急,好好找找,应该会找到的。"果子老师说。

"果子老师橡皮找到了,嘻嘻!"新同学说。

"嗯,找到就好。"

"果子老师,我的橡皮掉地上了,呵呵!"

"你的橡皮真调皮呀。"

"果子老师，我的橡皮掉在了前面小朋友的椅子下面。"

"你的橡皮跑得可够快的。"

"果子老师，我的橡皮在椅子脚下转圈儿呢！"

"橡皮在跳圆圈舞吧！"

"果子老师，我的橡皮不转圈儿了，倒下来了。"

"我想，橡皮大概是转累了吧！"

"果子老师，你看，我的橡皮。嘻嘻！"新同学捡起橡皮，高兴得像是捡了个大元宝。

"嗯，注意保管好自己的东西哟！"果子老师笑眯眯地说。

我又不得不佩服果子老师的好脾气，有问必答。两个人一问一答，真不知道这样的问答式得持续多久，一节课、两节课、半天、一天、一个礼拜、一个月、一学期……我真不敢想下去了。

照这样的情况来看，现在更让我担心的不是变成婴儿的问题了，而是在变成婴儿之前我会不会先疯了，实在受不了他们的一问一答了。

现在，立刻，马上必须想一个阻止新同学这种幼稚行为的办法来。

明天不让他来上学？

不行。

等果子老师不在时，扮个鬼脸吓唬他一下？

行不通。

好好和他商量一下，让他以后别再这么幼稚？

他不会明白我们的意思。

告诉他，他的这种行为是属于幼儿园的弟弟妹妹才应该有的？

他准会又嘻嘻地傻笑，还是不行。

怎么办？

怎么办？

怎么办？

怎么办？

怎么办？

我真不知道怎么办。我看就此算了吧，因为我也实在想不到什么好办法，来阻止爱笑的新小朋友。

哦！又错了，应该是爱笑的新同学！

对了！忘记介绍新同学的名字了，搞了半天他不姓笑，他姓凡，叫冯人凡。我想，可能就是因为他的这个名字，才会让人觉得这么烦人的吧！

我们还特地帮他取了个外号——小呆瓜！这个外号很不一般吧！相信你们都会喜欢，冯人凡一定也会喜欢。

不信你问他，他准会——呵呵地笑。笑就是不反对的意思。

小丫问：如何对待班上刚转学的新朋友？

妈妈答：多与新朋友沟通他在新环境中的情况和感受。让他内心的孤独感减少，鼓励他去面对和适应新的环境，告诉他，他是一个很棒的孩子，老师同学都很喜欢他。

亲子乐园

大家一起来做操

　　拍拍小手一二三，跺跺小脚三二一，伸伸脖子四五六，扭扭屁股五六七。亲爱的小朋友，让爸爸妈妈和你一起动起来吧!

呆瓜碰上小土帽

7点半刚过，同学们陆续来到了教室，大家先后到书架上拿起儿歌书，开始诵读起来。果子老师在教室里走了一圈，发现大家都很认真没啥可操心的，回到自己办公桌那儿拿起笔坐在椅子上写了起来。

忘记告诉你们了，我们果子老师的办公桌和我们的桌子是一样的，她坐的小椅子也和我们坐的小椅子是一样的。

我把果子老师昨天教的儿歌读了一遍，觉得没啥可做了，就抬起头看了看坐在对面的转学生。

巧了！新来的转学生也正好抬起头笑嘻嘻地看着我。

他看着我笑，我也只好看着他笑了笑，就这样他看着我笑，我看着他笑，笑了足足有吃一根冰激凌的时间，新同学终于不笑了，我笑得嘴巴都酸了。

接下来，新同学又会做什么呢？新同学要么不做，做出来的一定是既好玩儿又好笑，让我们大家出其不意，意想不到的事儿，我猜测着。

果不其然，新同学从椅子上站了起来，慢慢地、一步一步地挪到了果子老师桌子旁边。

就目前的情况看，接下来的事还不是一般的好玩儿，因为，平时没有果子老师的允许我们谁也不敢在教室里随便走动。这个小呆瓜也不知道是吃了熊心还是吃了豹子胆，还真是好玩。

"果子老师你在写什么？"呵呵，这个小呆瓜的好奇心还真是与众不同，关心起老师的事儿来。

"写字。"果子老师说。

我估计果子老师说备课担心小呆瓜听不懂，所以就说是写字。

"老师也要写字？"小呆瓜笑嘻嘻地问。

小呆瓜傻笑时，口水都流出来了。我有点担心，小呆瓜的口水这么一直流下去会滴到果子老师的嘴巴里。因为站着的小呆瓜，比果子老师高一点。

"嗯！"果子老师说。

43

让我想不通的是，果子老师怎么对新来的同学这么好脾气，如果是我们这么一直傻傻地问，果子老师准会拖长声音大声说：你——们——吃——了——豹——子——胆——了——吗？在——教——室——里——走——来——走——去——想——干——什——么？不——怕——挨——揍——就——赶——紧——给——我——回——到——座——位——上——去。

其实我们知道，果子老师说揍我们就是吓唬吓唬我们，并不会真的揍我们，因为果子老师最疼我们了。

说句心里话，此刻我真羡慕小呆瓜，可以想做什么就做什么、想说什么就说什么。

"老师是不是你以前是学生，现在是老师？"吱溜一声，小呆瓜把快要掉下来的口水咽了下去又笑嘻嘻地问。

"是的呀！你真是个聪明的孩子。"

要命！果子老师还夸小呆瓜聪明。

"果子老师是在抄儿歌。"小土帽插嘴道。

"果子老师，这个同学说你在抄儿歌。"听口气小呆瓜不赞同小土帽的意见。

"果子老师才不是在抄儿歌呢，果子老师的那本书大大的，儿歌书是小小的，所以果子老师不是在抄儿歌，是在写字。"小呆瓜又补充了一句。

"果子老师是大人，她当然得用大大的儿歌书了，果子老师就是在抄儿歌。"小土帽纠正道。

这个小土帽真不知道怎么说他才好，竟然说出了这么超傻的话——还大人用大大的儿歌书。果子老师那本根本就不

是什么大人的儿歌书，明明是一本教参。

唉！小土帽碰上小呆瓜，傻到一块去了，没法劝架了！

小丫问：熊心豹子胆是什么意思？

妈妈答：熊心豹子胆一般用来形容某些人很大胆，做出一些普通人不敢做的事。通常用于贬义。

亲子乐园

逛超市

　　10元钱可以买多少下列学习用品？和你的小伙伴比一比看谁用10元钱买的东西多。请把你要买的物品用圈圈在一起。

橡皮1元

笔记本
笔记本8元

图画本
图画本2元

油画棒6元

方格本
方格本1元

直尺1元

三角尺1元

小刀2元

天香百合月10日　星期三
天气：太阳我好爱你

喜欢说反话的大人

　　早晨果子老师站在教室门口，微笑着迎接每一个同学。同学陆续走进教室，并把昨天晚上的作业交给了果子老师。其实我们这个作业很简单，就是自己画一幅画，然后编个故事并记录下来，如果有不会写的字可以查字典，或是用拼音代替。

　　奇怪！小土帽今天怎么还没来呢？每天早上总是第一个来帮同学放凳子的小土帽，到现在都没看到他的影子。

　　小土帽最喜欢帮同学们放凳子了，你们可别误会，小土帽这么做可不是因为他有多么勤劳，而是因为小土帽喜欢看着别人微笑着对他说，谢谢。每次听完别人对他说完谢谢，他总是先嘻嘻地笑两

声，然后是摸着头不好意思地支支吾吾地也说一句。

　　或许，你要问，小土帽支支吾吾说的那句话是什么？我只能说，我也不知道，估计其他小朋友也不知道。

　　我们班30个小朋友，减掉小土帽自己还有29个小朋友。也就是说，小土帽每天早上要支支吾吾29次，30−1=29完全正确，就是29次。

　　虽然他每天早上支支吾吾29次同样的话，但是大家谁也没听懂。我想，大概就是不用谢的意思吧！因为别人对我们说谢谢时，我们应该说不用谢。除了这个答案，我也想不出其他的什么。

　　这个小土帽今天是唱的哪一出戏呢？到现在还不来！

　　小土帽感冒了吗？

　　不会的呀，小土帽的身体可结实了。

　　小土帽怕小呆瓜不敢来了吗？

　　不会的呀，小土帽一般情况是不会轻易肯认输的。

　　小土帽不想帮小朋友们放凳子了吗？

　　不会的呀，帮助同学放凳子可是小土帽的人生一大乐事。

　　小土帽尿床了吗？

　　不会呀，昨天小土帽没傻笑的呀？妈妈和果子老师都说过，一直傻笑的小朋友会尿床。

　　……

48

　　我使劲儿想也想不出任何理由了。我干脆不想了，不用我说，相信你们也应该知道，我最怕想没有答案的问题。

　　我不想再为小土帽没来这件事烦恼时，小土帽奇迹般地出现在教室门前。一蹦一跳的小土帽好像压根就没瞧见站在教室门前的果子老师，更别提交作业了。

　　"小土帽，早哟！"

　　第一次，小土帽没反应。

　　"小土帽，你的作业呢？"

　　第二次，小土帽还是没反应。

　　"小土帽，今天谁送你来的？"

　　第三次，小土帽还是没反应。

　　谁也不知道，小土帽是真的没听见，还是装着没听进。或是耳朵忘在家里没带来。

　　我想，小土帽八九不离十是聋了。或者就是耳朵里塞满了耳屎。

　　"小——土——帽——"好脾气的果子老师终于忍无可忍，把她长时间都没用过的绝招——闭着眼睛拖长声音大叫给使出来了。

　　"嗯，我——我——我这儿呢！"果子老师用绝招刚喊了三个字，小土帽就一溜烟地跑到了果子老师面前，一副老实巴交的样子，和刚才完全是判若两人。

　　"刚才……"

　　"小土帽，果子老师说的话你听到了吗？"果子老师刚
准备问小土帽刚才是怎么一回事儿，小土帽的爸爸从门外走
进来。

　　原来小土帽的爸爸一直在门外站着，刚才发生的一切他
都看到了。

　　"听到了。"

　　"你的作业呢？"

　　"我，我忘记做了。"

　　"好，好，好，忘记做作业真的好，嘿嘿。"

　　奇怪，小土帽的爸爸怎么听到小土帽说忘记做作业不发
脾气还一直说好呢？我妈妈有时也会这样，明明我做了不好
的事儿，她也会像小土帽的爸爸一样一直说好，还怪笑。

　　下午放学时，小土帽的爸爸一把拽着小土帽。

　　"今天，有被批评吗？"

　　"没有。"

　　"今天，有被罚站？"

　　"没有。"

　　"今天，什么事儿也没发生吗？"

　　"有。"

　　"有什么？快说。"小土帽的爸爸好像特希望今天有什

么事儿发生似的。

"果子老师让我下次要记好完成作业。"

"嗯，果子老师说得对，然后呢？"

"没有然后。"

"真的没有然后？"

"真的。"

"就这么多？"

"就这么多。"

"哈哈，那真是好，不做作业既不批评也不罚，小土帽
以后你就不要做作业了。"

"呵呵！"小土帽听了爸爸那怪怪的笑声，不
知道如何回答，也跟着傻笑了两声。

小丫问：感冒
了怎么办？

妈妈答：感冒后
要及时治疗，按时
打针吃药，以免引发
气管炎、肺炎等严重
疾病。多喝水，多休
息，身体才好得快。

亲子乐园

词语游戏

    亲爱的小朋友，和爸爸妈妈一起找出下面相反的词，把相对应的一组词圈在一起。

    大——小　多——少　前——后　左——右
上——下　冷——热

    好——坏　美——丑　闲——忙　白——黑
细——粗　远——近

天香百合月11日　星期四
天气：不冷也不热

不想当黑猫警长的果子老师

这节课是美术课，果子老师给我们讲了画线条画的要点，并告诉我们如何把点线面相结合画出来的画会更好看。果子老师讲完了后，就给我们发图画本。

"这是谁的本子？"果子老师扬扬手中的本子问。

"不是我的。"大家都在自娱自乐，谁也没看一眼果子老师手中的本子，胡乱答道。

"我手中的本子是谁的？"果子老师继续扬了扬手中的本子，略提高了音量。

大家抬起头先看着果子老师手里的本子，然后你看看我我看看你，接着又一起摇了摇头。

"小丫这是你的本子吗？"果子老师猛吸一口气，拍拍胸脯说。

"不是，我的本子有名字。"我连忙解释道。

我知道果子老师有点生气了，记得果子老师和我们说过：当一个人非常生气时可以深呼吸来缓解自己，如果深呼吸一次后觉得还是很生气就再深呼吸一次，如果再深呼吸一次后还是觉得不解气就继续深呼吸一次，如果深呼吸三次后还是觉得很生气，那就索性大发脾气！

刚才我清清楚楚地看得很清楚，果子老师深呼吸了一次，看样子果子老师现在是有一点生气了。我有种不好的预感，感觉果子老师一定还会深呼吸，而且深呼吸后会大发脾气。

"胖丫，这是你的本子吗？"果子老师接着问。

"不是，果……果子……子……老师我的……本……本子也……也有名字。"刚才还兴致十足摆弄衣角的胖丫吓得话都不会说了。

看胖丫呆若木鸡的表情，我想，她大概也想起了果子老师曾说过的三次深呼吸。

"果子老师，这个油画棒是谁的？"帮忙发油画棒的小组长拿着一个既没有名字又没有贴照片的三彩牌油画棒走到了果子老师面前。

我看到果子老师猛吸一口气后，把那

54

本没有名字的本子放到了一边，接过小组长手中的油画棒。

大事不妙，果子老师已经是二次深呼吸了。

"这盒油画棒是谁的？"果子老师问。

"不是我的。"

"也不是我的。"

"我的油画棒在这儿。"

"我的油画棒是马利牌的。"

大家七嘴八舌地说。

结果，果子老师问了半天，也没人认领那盒既没名字又没贴照片的油画棒。

"以后，再让我发现，你们的本子、油画棒没有名字或是没贴照片，我就把你们的本子和油画棒统统给扔掉，你们以为我是黑猫警长吗？我每天来其他事都不要做了，就帮你们调查没名字的本子是谁的？没名字的书是谁的？还有没名字的油画棒是谁的吗？"果子老师大概是忍无可忍了，气急败坏地大发一通脾气。

闹了半天，原来果子老师是不想当黑猫警长。我想告诉果子老师，我很喜欢当黑猫警长。

可是，我没敢说出声。

看着大发雷霆的果子老师，我们一个个都忐忑不安地低着头，大气都不敢喘一下。

"果子老师，那个本子和油画棒是我的。"一个声音打破了此刻有点紧张的气氛。

会是哪个不知死活的家伙，敢在此刻说出这样的话呢？

我偷偷抬起头寻找声音的来源。哈哈！原来是刚插班不久的小呆瓜，我真不知道是该佩服他勇气可嘉还是说他没脑子好。

"你，你……你说什么？"果子老师大概以为自己听错了，揉了揉耳朵问。

"果子老师你耳朵痒痒没听清楚我说的话是吗？"小呆瓜一脸认真地说，"我说，没有名字的图画本和油画棒都是我的。"

"啊！我快疯了！"听完小呆瓜的话，果子老师抱着头大叫一声。

"我没做错什么事的呀！"小呆瓜一脸无辜地看着大家。

　　小丫问：猫为什么喜欢白天睡觉?

　　妈妈答：猫是夜游动物，无论家猫还是野猫都有昼伏夜出的习惯，很多活动(如捕鼠等)常常是在夜间进行。猫每天最活跃的时刻是在黎明或傍晚，白天的大部分时间都在懒洋洋地休息或睡觉。

亲子乐园

涂色游戏

亲爱的小朋友，给下面的图中标有数字①的地方涂上黑色，标有数字②的地方涂上白色，涂好后，会有意想不到的收获哟！

天香百合月12日　星期五

天气：穿公主靴应该不是很热了

没有玩成的游戏

　　自从果子老师昨天在班上说了黑猫警长之类的话，下课时大家都喜欢说一些有关黑猫警长的游戏。

　　果子老师不喜欢做的黑猫警长，我们大家都喜欢做，都抢着要做。

　　让我想不明白的是，黑猫警长警帽一戴，手枪一挎多神气呀！果子老师怎么就不喜欢做呢？可能小孩喜欢的大人都不喜欢，大人喜欢的小孩也不喜欢。对的啦！就是这样的，我喜欢玩过家家的游戏，妈妈不喜欢；妈妈喜欢送我去的钢琴班我不喜欢。除了这个理由，我实在想不起来还有什么别的原因。

　　"要么不当，要当我就要当黑猫警长。"平时做什么事儿都慢慢吞吞的胖丫，今天倒是赶在我们之前说出了自己的想法。

　　"谁爱当坏人谁当，反正我不
当。"小核桃说。
　　"小土帽你当坏人吗？"
小呆瓜不知道是当好还是不
当好，拿不定主意只
得问他的死
党小土
帽。

　　"想当坏人你自己当，反正我不当。"小土帽脸涨得通
红地说："果子老师说了，好习惯行为要从小培养，我才不
当坏人呢，我最听果子老师的话了。"
　　看着大家都不想当坏人，我也不想当坏人了，哪怕是假
装的。可是如果我也不当坏人，这个游戏就玩不成了。我想
了一下说："要不，我们玩猫捉老鼠的游戏吧。"
　　听了我的话，刚才还抢着做黑猫的大家一下子又都不想
做黑猫了，现在都抢着要做猫捉老鼠游戏里的老鼠。我知
道，他们都担心自己被老鼠捉弄。因为《猫捉老鼠》里面的
老鼠太聪明太精灵古怪了。
　　结果，什么游戏都没有玩成，就到上课的时间了。

　　小丫问：老鼠是什么动物？都有哪些生活习性？

　　妈妈答：老鼠是一种啮齿动物，体形有大有小。老鼠的种类约有450多种，繁殖速度很快，生命力很强，几乎什么都吃，在什么地方都能住。会打洞、上树，会爬山、涉水，而且糟蹋粮食、传播疾病，对人类危害极大。

亲子乐园

读古诗

小朋友，和爸爸妈妈一起大声朗诵下面的古诗吧！

春晓

（唐）孟浩然

春眠不觉晓，

处处闻啼鸟。

夜来风雨声，

花落知多少。

两个人的游戏

今天我没有赖床也没要妈妈扯我被

子，就早早地起床了。

前天没有玩成游戏大家都觉得遗

憾，我也是。于是昨天放学

前我和小土帽约

好了，今天

来我家玩游

戏。我盼星

星盼月亮好

不容易盼到

了我们约好的日子，你说，我能睡懒觉吗？

小土帽按照我们约定好的时间准时来到

了我家，一分不多一分不少刚好8点整。

63

　　我们按照计划，先玩了鬼屋的游戏，玩鬼屋的游戏得先设计一间鬼屋来。这鬼屋得设计在妈妈不易发现的地方，否则不是妈妈被吓死就是我被打死，就算不被打死，我那到现在还两半儿的屁股准得会被妈妈打成四半儿了。

　　我和小土帽商量后决定，鬼屋的地点就在我房间的床下面。不是我吹，我们的鬼屋设计得超恐怖。如果你来参加，包你吓得屁滚尿流，不信你可以来试试，随时欢迎你的到来。

　　我趁妈妈出门买菜的时候，火速从她的大床上扯下了床单。我把妈妈床上的大床单罩在我的小床上，我那奶黄色的小床全被罩在妈妈的大床单下，床底下黑咕隆咚的。

　　"小土帽，你胆子比我大，你先钻进去试试。"我说。

　　"小丫，这鬼屋在你家还是你先进去试试。"小土帽说。

　　"不，不，你来我家就是客人，客人先请。"我说。

　　"你是女生，女士优先。"小土帽说了句我似懂非懂的话。

　　最后经我们共同协商，数一二三一起钻进去。

　　"啊……"

　　"啊……"

　　"鬼呀……"

"鬼呀……"

黑咕隆咚的床底下，看什么都是漆黑漆黑的，我看着眼前的小土帽像个鬼，小土帽看着我也像个鬼，我们吓得在床底上蜷缩成一团，一步也走不了了。

最后还是买菜回来的妈妈听到我们的惊叫声，把我们从床底下拉了出来。

鬼的游戏就这样结束了，没有我们想象中的那么好玩。

小土帽觉得这样就回家有点不甘心，还想玩点别的。

我们再一次商量后决定，玩猫捉老鼠的游戏。

"女士优先。"小土帽又重复着那句我似懂非懂的话。

"小土帽你怎么又说脏话了？"我瞪着眼睛看着小土帽。

"我有吗？"

"当然有。"

"哪句？"

"女士优先呀！"

"女士优先怎么能算是脏话呢？"

"那女士优先是个什么东西呢？"

"笨呀你，吃饭时男生说女士优先就是让女生先吃；坐车时男生说女士优先就是让女生先上车；上厕所时男生说女士优先就是让女生先上……"小土帽像个大哲学家侃侃而谈着。

"哦！我知道了。你刚才让说女士优先就是让我先藏起来对吧？"还没等小土帽说完，我兴奋不已地说。

"小朋友真聪明，奖你一个大拇指。"小土帽学着果子老师样子竖起了大拇指。

我让小土帽闭着眼睛待在客厅不许偷看，小土帽还真是听话，不但紧紧地闭着眼睛，还把双手遮在眼睛上。

我赶紧找了个既安全又隐蔽的地方藏了起来——妈妈房间里的衣橱。

我想，就算小土帽找到明年的这个时候，也不一定能找到我，哈哈，我太有才了。

"小丫，你躲好了吗？"正自我陶醉时，听到小土帽在询问我。

"我早就躲好了，等着你来找我呢！"我洋洋得意地说。

"哈哈！小丫出来吧，我知道你藏哪儿了！"小土帽说。

"知道我在哪儿就来找呀！"我说。

咯吱一声响，衣橱的门被打开了，小土帽一脸坏笑地出现在我眼前。

看着眼前的小土帽，我知道上当了。

接下来我把小土帽追得满屋子跑，直到自己累得跑不动了，小土帽才算是得救了。

小丫问：世界上有鬼吗？

妈妈答：世界上没有鬼，那是唯心的说法，小朋友要从小相信科学，热爱科学！

亲子乐园

认认小动物

亲爱的小朋友，你知道下面的皮影都是哪些小动物吗？请你说出它们的名字。

月　　　日　　星期

天气

　　亲爱的小朋友们，一个星期又过去了，在这个星期里你又遇到了哪些既好玩又有意义的事呢？说出来大家一起分享吧！

智力大冲浪

1. 《老鼠与油灯火》是哪位画家画的？

    ① 齐白石　② 徐悲鸿　③ 梵高　④ 达芬奇

2. 下列动物不属于国家一级保护动物的有？

    ① 绿海龟　② 熊猫　③ 长臂猿　④ 企鹅

3. 侃侃而谈的近义词有哪些？

    ① 能言善辩　② 口若悬河　③ 默默无语　④ 夸夸其谈

4. 下列哪个标记是禁止吸烟的标记？

  ①   ②   ③   ④

答案：

    1.① 齐白石

    2.④ 企鹅

    3.② 口若悬河　④ 夸夸其谈

    4.①

天香百合月15日　星期一
天气：风飕飕地吹着

肚子疼了

"采水果的小姑娘，背着一个大竹筐，采完苹果又采梨，全都送给我哟，哎哟哎哟，哎嗨哎嗨哟……"吃完晚饭，我哼着自己创编的《采水果的小姑娘》扭着屁股兴高采烈地唱着。

"你肚子疼吗？"在洗碗的妈妈从厨房跑了出来，一脸担心地看着我。

"没有啊！"因为要回答妈妈的问题，我只能暂停唱歌。

"那我怎么一会儿就听到你，哎哟哎哟地大喊大叫？"妈妈的脸上表情即刻由"担心"转变成"不解"。说完妈妈又补充了一句，"赶快上床睡觉，我的心差点被你吓得给蹦出来了。"

我知道了，一定是因为每次

我唱到："哎哟哎哟，哎嗨哎嗨哟……"时，就故意提高嗓门，妈妈在厨房洗碗没听到其他的歌词，只听了我提高嗓门"哎哟哎哟"的这一段。

妈妈说完，还意味深长地看了我一眼。那眼神就是告诉我，你再不睡觉，哎哟哎哟的吓唬人，小心你的屁股……哼哼，接下去的事儿你自己看着办吧！

看着妈妈的背影，我吐了吐舌头，朝她做了个鬼脸儿。哈哈，今天刚发现，背着人做鬼脸的感觉真不错，想怎么做就怎么做，对方也不会发现。

"采水果的小姑娘，背着一个大竹筐，采完苹果又采梨，全都送给我哟，哎哟哎哟，哎嗨哎嗨哟……"看到妈妈拧开水龙头，我又继续高歌着《采水果的小姑娘》，反正水龙头哗啦啦地响着，妈妈是不会听见的。

"哎哟哎哟，哎哟哎哟……"看到这里你们肯定会误以为是我故意提高嗓门的。如果你们真的这么想了，那可就是冤枉了我了。不知道为什么，唱着唱着，我肚子真的疼了起来。

可不管我怎么哎哟哎哟地叫，妈妈就是不来，不知道是没听见，还是和你们一样，误以为我是故意装的。也可能是，妈妈小的时候外婆讲《狼来了》的故事讲多了，妈妈不轻易上别人当了。

肚子一直这么疼下去，我会不会死掉呢？我胡思乱想着。

应该不会。

真的不会吗？

真的了。

你就这么怕死吗？

我才不怕呢。

那你还担心什么呢？

我，我，我是担心，担心我死掉，妈妈会伤心难过。

我脑子里冒出两个小人一问一答道。

不过，应该不会死掉的，记得上次阿姨肚子疼，送到医院后就生了一个粉嘟嘟的小宝宝，我会不会也要生宝宝了呢？前天胖丫说，男生和女生只要手拉手后就会有小宝宝，今天中午睡觉，我和小土帽手拉手了。

对，一定是要生小宝宝。我这样想着。

如果要生小宝宝，我要生一个和白雪公主一样的小宝宝，那样七个小矮人就会来我家和我一起玩了。

我要做妈妈了，做妈妈我就可以管很多的钱了，我可以想买什么就买什么了，想起这些，我的肚子好像没有刚才疼得厉害了。

不好，不好，我突然想起，做妈妈需要会做很多的事儿，要帮孩子洗衣服、要帮孩子做饭、要帮孩子讲故事、要挣钱给孩子用、要每天接送孩子上学放学，要……总之做妈妈，需要做的事儿太多了，这些我都不会做，没有宝宝喜欢什么都不会的妈妈，那我肚子里肯定不是有宝宝了。因为宝宝不喜欢我，所以他们就不会钻到我肚子里来的呀。

那我的肚子为什么会疼呢？我努力地想着。

会不会是肚子里的籽儿们要发芽了呢？忘记告诉你们，吃完饭后我吃了很多的水果，苹果、梨子、橘子，因为吃得太快，一不小心我就把籽儿们全都吃进了肚子。

嘿嘿！如果这些种子在我肚子里发芽，慢慢长成大树，那以后我就可以什么时候想吃水果就什么时候吃了，想想都觉得这是件高兴的事儿。

可是，等小芽长成大树后，不就会把我的头给戳破吗？

哎呀，我的妈呀，想到这儿，刚刚还不怎么疼的肚子又疼得厉害起来。

后来，还是妈妈帮我找到了肚子疼的原因，东西吃得太多，撑着了。

唉！都是贪吃惹的祸！

小丫问：哪些水果中含VC较多？

妈妈答：西红柿、猕猴桃、柠檬，还有橙子等含有大量的VC成分。

亲子乐园

学做果汁

亲爱的小朋友，在干燥的季节给辛苦了一天的妈妈做一杯贡柑果汁吧！贡柑果汁可以消滞上渴，有效补充人体所需养分和水分，还有养颜的功效哦！

用料：贡柑3只，草莓2只，蜂蜜水200克。

做法：取贡柑，草莓果肉与蜂蜜水混合。搅拌机加滤网将果肉打碎，滤出果汁即可。

天香百合月16日　星期二

天气：枫叶树上的叶子全掉光了

等一等

这几天我是倒霉透了，昨天因为吃得太多把肚子给撑疼了，今天不知道为什么肚子又莫名其妙地疼了起来。我躺在床上直哼哼，因为哼哼得可不一般了，用妈妈的话说，"三里外都能听见"，妈妈被我哼哼得实在没办法了，把我带到了小区卫生室。

"别哼哼了，越哼哼会越疼得厉害。"医生叔叔毫无表情地说，"躺床上去。"

不对，用"毫无表情"这个词来形容医生叔叔或许有点不公平。医生叔叔刚刚有过一丝笑容，可我总觉得那笑容极不正常，有点怪怪的、有点让人捉摸不透、有点让人觉得心惊胆战，可惜的是我现在知道的词语还太少，所以无法用一个更确切的词来形容医生叔叔刚才的表情。

在妈妈的帮助下我乖乖地躺在卫生室的床上，不敢再哼哼了。医生叔叔的表情明白着告诉我——你若是再没完没了地哼哼下去，一会儿扎针，我会用粗针头用力地扎下去。

让我想不通的是，妈妈明明看到了医生叔叔不友好的表情，还一直不停地对医生叔叔说谢谢、不好意思、抱歉、麻烦你了等之类的话。

你一定也觉得我妈妈很傻吧？自己的孩子明明被人欺负了，不但不去找别人理论，还认为是自己的错。

看着女儿被人欺负了，还一直说"谢谢"的，这世界上大概就只我妈妈了。唉！

现在我算明白，我的胆小完全是遗传我妈了。

我躺在冷冰冰的床上，大气也不敢喘一下。医生叔叔用食指的手关节在我的肚子上咚咚地敲了几下。

我现在最为担心的是，如果医生叔叔再用点力气，会把我的肚子敲破了。肚子破了，那可是大事儿，还得转到更大的医院去做手术，肯定还得用针和线把裂开的肚皮给缝起来。

如果手术失败不但我惨了，帮我做手术的医生也一定会受到惩罚，接下去肯定还有许多想不到的事儿会发生……我不敢继续想下去了，我得阻止即将要发生的这些事。

"等一等！"我再也顾不上医生叔叔怪怪的样子大喊起来。

我这么突如其来的一叫，医生叔叔吓得把手赶紧缩了回来。

"怎么了？"医生叔叔有点不知所措地看着我。

看着医生叔叔吓了一跳的样子，我情不自禁地乐了起来。哈哈！没想到刚才神气活现的医生叔叔也会被我吓到。

"你轻点。"我说。

医生叔叔看了我一下，没搭理我。虽然他一句话没有说，但是他的表情将他要说的一切告诉了我——小屁孩，我以为多大的事儿呢，我做医生可不是一两天的事，我就这么一敲能把你的肚子敲破吗？笑话。

医生叔叔扬起手，做好了第二次敲打的准备，不对，应该是第三次，第二次没敲成。

"你再等一等。"看医生叔叔没搭理我，我又大叫起来，我担心他没能完全理会我的意思。

　　"你又怎么了？"医生叔叔大概被我折腾得有点不耐烦了。

　　"你敲的时候不要太用力。"我用另一种说法表达了同一个意思——你得轻点敲。我想，医生叔叔既然当上医生，应该不会太笨吧！

　　"嗯。"这次医生叔叔好像完全听明白我的意思了，不然他不会嗯一下。

　　医生叔叔又开始第四次敲打我的肚子。

　　"还得再等等。"我再一次大叫起来。

　　"你……"

　　"我没怎么，我想知道你敲完后，需要打针吗？"医生

叔叔话刚说到一半儿我就急急地说，"如果需要打针的话，你帮我用一个细小的针头。"

果子老师告诉过我们，随便打断别人讲话是不礼貌的行为。但是，我担心医生叔叔敲完后就直接用粗粗的针头帮我打针，我实在是害怕就把果子老师说的话给忘记了。

"还有什么要说的吗？"医生叔叔说。

医生叔叔的表情又再一次告诉了我——如果有什么想说的话，现在一次性说完，一会儿我要扎针了。

看着医生叔叔，我闭上嘴巴摇了摇头。

　

小丫问：莫名其妙是什么意思？

妈妈答：莫名其妙的意思是没有人能说明它的奥妙，表示事情很奇怪，让人不明白。

亲子乐园

下面小朋友中做得对不对？请在正确的小朋友下面打
" √ "。

图一：嘟嘟在冬天吃冰激凌。

图二：米米端着茶杯在喝茶。

图三：桌上堆满了明明吃
的果壳、包装袋，明明仍然
在继续吃零食。

图四：果果坐在餐桌前吃饭。

天香百合月17日　星期三
天气：一天都没看见太阳

演讲比赛吗？

果子老师在给我们讲女巫的故事。小朋友听得津津有味，用手捂着嘴巴轻声地笑着。

故事里颠倒国的国王竟然下达了一道圣旨——要求颠倒国的臣民们用手走路，从碗底吃饭……故事太好玩了，我们想不笑都难。

忽然，我发现教室里有两个人一直没有笑。小土帽和小呆瓜坐在下面，面面相觑地看着对方一直吧啦吧啦地说着，也不知道他们说什么，边说还边用手比画着，并且两个人的脑袋一直在各自的脖子上摇摆着。

对了，可以用"手舞足蹈"这个成语来形容他们现在的样子。

　　我怀疑他们俩说的话和果子老师上课的内容一点也扯不上关系。这两人根本就是把果子老师和我们当成空气、当成透明人了。对于他们这种把我们的存在忽略为零的行为，简直是对果子老师和我们的不尊重，严重点说是种侮辱，可我又能怎么办呢？

　　我不能骂他们（果子老师教导我们说，骂人不文明），也不能踹他们一脚（因为距离太远，想踹也够不着，所以只能空想），更不能打他们（因为果子老师说过，打人更是不文明的表现），你说我还能做什么呢？

　　唉！我只能恨得牙直痒痒，最多狠狠地瞪他们几眼。可惜的是，就算我把眼睛瞪到明天的这个时候也没用，或许你们要问我他们为什么会看不见，难道他么都是近视眼吗？当然不是了，那是因为他们都坐在我前面，根本看不到后面的我。

　　现在的我特别想拜刘谦叔叔为师，这样我就可以把小土帽和小呆瓜变成两只蚊子，放在手心里，狠狠地拍几下。（拍死蚊子既不犯法也不会不文明。）

哈哈哈！我的想象力真丰富。我简直就是一个天生的幻想家。

哈哈哈！左想右想，前想后想我都想再大笑几声，当然只能在心里笑，而不能出声。

当我自我陶醉于自己的表扬时，果子老师终于发现了两个讨厌家伙的奇怪行为，"你们俩在干什么？我在上面讲，你们在下面讲，你们是不是把这节课当成是演讲比赛了？我现在郑重其事地、清清楚楚、明明白白地告诉你们，现在是语文课，不是演讲比赛！"

哇塞！果子老师简直就是天生的演讲家嘛！噼里啪啦噼里啪啦说了一大段，眼睛都没眨一下，口水没咽一下。

如果把小土帽和小呆瓜比喻成是两挺机枪，果子老师现在简直就是一枚大炮，杀伤力远远超过机枪。

两个坏家伙被果子老师这枚大炮一轰，再也发不出声音了。

你瞧，小土帽和小呆瓜俩人耷拉着个脑袋，低着头忏悔呢！

还有件事儿我忘记告诉你们了，现在我终于明白小土帽和小呆瓜他们为什么不需要一句一句地教，就能说会道。那都是因为果子老师是我们的老师，我们是她的学生。

　　理由就是——果子老师刚才噼里啪啦说了那么一大段就足以证明我说的话一点也不假。

　　名师出高徒嘛！

　　小丫问：空气中含有哪些成分？

　　妈妈答：空气的主要成分是氮气和氧气，还有少量的水蒸气、二氧化碳等物质。

亲子乐园

快乐做实验

亲爱的小朋友，快和爸爸妈妈一起做一个有趣的实验吧！

小实验：不会湿的纸巾

实验材料：一盆水、一个玻璃杯子、一张纸巾。

步骤：

一、把纸巾揉成了一个小团团。

二、将揉成团的纸巾塞到玻璃杯的杯底。

三、把玻璃杯口朝下，慢慢地垂直放进水里。

四、慢慢地垂直从水里拿出玻璃杯。

五、摸一摸里面的纸巾，打开看一看，一点都不会湿的哟！

果子老师想吃鸡了

"小呆瓜，小呆瓜。"

中午睡觉刚起床，小土帽就不安分起来，大概是一个中午没能和小呆瓜说上话，嘴巴憋得实在难受了。起床的音乐声刚一响，小土帽就迫不及待地压低声音喊着小呆瓜。

"小土帽，我在这儿呢，有事吗？"小呆瓜真聪明，不用小土帽教他，也把声音压得低低的。

"一会儿我们玩老鹰捉小鸡的游戏好吗？"小土帽伸长脖子尽量把自己和小呆瓜之间的距离拉近了些。我有点替他担心，他的脖子如果一直这么伸着，说不定一会儿他会变成一只长颈鹿。"好的。"

小呆瓜想了想说，"那谁来做老鹰呢？"

"当然是我了。"小土帽伸长胳膊，张开十

指，做了一个老鹰捉小鸡的样子。

"小土帽，你在说什么？"音乐停的那一刹那，果子老师刚巧听到了小土帽的声音。

"我说，我要做老鹰。"小土帽老老实实地回答道。

"你要做老鹰吗？"为了证实自己没有听错，果子老师再一次问道。

"是的。"小土帽很坚定地回答道，丝毫没有改变想法的念头。

"那正好，我现在想吃只鸡，你帮我去抓只鸡吧！"果子老师说。

大家以为果子老师是逗小土帽玩的，都乐呵呵傻笑起来，可大家笑了一会儿，就不再笑了。因为大家发现果子老师的样子很严肃，一点也不像是在开玩笑。

"果子老师你真的想吃鸡吗？"这一次是小土帽为了确信自己没有听错，再一次问道。

"是的。"果子老师也很坚定地答道，看上去也丝毫没有改变想吃鸡的想法。

"可是现在没有鸡。"小土帽紧张得额头已经开始冒汗了。

"小土帽，你别急，你做老鹰我做鸡。"小呆瓜一脸天

真的样子，真不知
道他们是真没看
出果子老师
生气了，
还是装着不
知道。

　　"小呆瓜
我觉得你一点
也不呆，以后你
改叫小聪瓜得了。"小土帽竖起了大拇指，说得
唾沫星子满天飞。

　　"果子老师一会儿你就可以吃到鸡了。"小土帽说完便
和小呆瓜在卧室里玩起了老鹰捉小鸡的游戏。

　　"啊——"看着小土帽和小呆瓜既好气又好笑的样子，
果子老师用手捂着脑门子大叫一声。

　　听到果子老师的第一声"啊"，我衣服还没穿好就和胖
丫、小核桃急急忙忙地跑到了果子老师的背后。我们三个人
六只手紧紧地挽着果子老师的胳膊，做好了一切准备，等果
子老师的第二声、第三声"啊"，然后是晕倒！

　　结果等了半天，果子老师没有晕倒，当然鸡也没吃成。

　　果子老师惊天动地的一声"啊"把小土帽和小呆瓜吓得

清醒了过来。借他们十个胆也不敢玩"老鹰捉小鸡"的游戏
了。

　　小丫问：我国的老鹰一般生活在哪些地方？

　　妈妈答：我国的鹰主要分布在西
藏、新疆和蒙古。老鹰，也叫鸢。
猛禽类，嘴蓝黑色，上嘴弯曲，
脚强健有力，趾有锐利的爪，
翼大善飞。吃蛇、鼠和
其他鸟类。

亲子乐园

一起做游戏

亲爱的小朋友们一起来玩"老鹰捉小鸡"的游戏吧！

游戏方法：游戏开始时前先分角色，即一人当母鸡，一人当老鹰，其余的当小鸡。小鸡依次在母鸡后牵着衣襟排成一队，老鹰站在母鸡对面，做捉小鸡姿势。游戏开始时，老鹰叫着做赶鸡动作。母鸡身后的小鸡做惊恐状，母鸡极力保护身后的小鸡。老鹰再叫着转着圈去捉小鸡，众小鸡则在母鸡身后左躲右闪。

游戏规则：若老鹰用手拍着小鸡的身子便算捉到了，小鸡便要从队里退下来。一场游戏结束后，重新分配角色，上一轮被抓到的小鸡则成为下一轮的老鹰角色，开始新一轮的游戏。

天香百合月19日　星期五

天气：跑了三圈额头上才开始冒汗

讨厌的邻班老师

下课时，听果子老师和邻班王老师说，下周六所有的老师都要参加运动会比赛。比赛项目有跳绳、二人三足、骑慢车、踢毽子、拔河等，每人必报两个选项，果子老师报了跳绳和二人三足。

邻班老师说，她报了拔河还有一项还没想好，中午想找个人陪她练练手劲儿。

午饭后，果子老师带着我们到楼下时，操场上已经沸腾开了——

"王老师加油。"

"丁老师加油。"

"王老师加油。"

"丁老师加油。"

"……"

同学们跺着脚，挥舞着双手，为自己的老师大喊加油。

"哈哈哈！我们老师赢了，我们老师赢了！"王老师班上的学生看到自己的老师赢了，大声欢呼起来。

"切！有啥了不起的，你们王老师敢和我们果子老师比吗？"小土帽看到王老师班上的学生洋洋得意的样子有点不服气。

"我们王老师姓王是大王的'王'，所以这世界上没有我们王老师不敢做的事儿。"王老师班上一个胖乎乎的小男生从他们班的队伍中走了出来拍拍胸脯说。

"电视里的大王都是男的，你们老师是女的，肯定是个假大王。"小土帽眼珠骨碌一转想出了一句反驳的话。

"……"小土帽这么一说，邻班的胖男生一时半会儿不知道说什么好了。

"我说不敢就不敢。"看着邻班小男生张口结舌的样子，小土帽像只斗胜的公鸡，越斗越有劲儿。

"就敢。"胖男生虽然理屈词穷但又不甘心认输。

"就不敢。"小土帽也从我们班的队伍中蹦了出来。

"就敢。"

"就不敢。"

"就敢。"

"就不敢。"

两个人越吵越凶，距离也越吵越近，箭拔弩张地展开了准备大战一场的架势。

"好了，别吵了，我们比试不就可以了嘛。"看着两个小家伙为自己吵得不可开交的样子，果子老师和王老师不约而同地说。

果子老师和王老师做好了准备，裁判员丁老师喊一二三，开始。

果子老师和王老师略俯着身子，各自拼命用力地把绳子往自己这边拉。

"果子老师加油！"

"王老师加油！"

"不好，果子老师要输了。"小核桃惊叫一声。

小核桃的一句话让大家的心紧张得提到了嗓子眼。

"果子老师用劲儿，用劲儿呀。"小土帽急得把两只拳头握得更紧了，好像现在拔河的不是果子老师而是他自己。

"果子老师，赶快把吃奶的力气用上。"小呆瓜说，"上次我们和邻班的同学拔河比赛，照你的话把吃奶的力气都用了，所以就赢了。你用上吃奶的力气一定也能赢。"

"真是个小呆瓜。"听了小呆瓜的话，果子老师忍不住扑哧一笑。这一笑可坏了大事，邻班王老师把果子老师拉得

95

朝前走了好几步。

眼看果子老师就要输了，小土帽再也按捺不住，三步并着两步冲到果子老师前面，抓住绳子，发了疯似的往后拉。

小土帽这一拉即刻扭转了当前的战局，果子老师转败为胜。大概这就是所谓的"四两拨千斤"吧！

"哈哈哈，果子老师赢了，大王老师输了。"

"不算，这次赢的不算。两个人赢一个人不算赢，赢了也不光彩。"正当我们乐不思蜀地庆祝时，从邻班传来了新一轮的挑战声。

不得已，果子老师和邻班王老师还得再比试一次。

可能因为刚才一局赢的缘故，果子老师一鼓作气，一下子就把邻班的王老师给拉到她这边来了。邻班老师见自己没有赢的希望了，就使了个坏，把紧紧抓在手上的绳子突然松开，使得正全力以赴的果子老师狠狠地摔了一跤。

"讨厌的邻班老师敢把我们果子老师弄摔倒，冲呀……"小土帽看到摔倒在地上的果子老师，挥舞着拳头声嘶力竭地大喊向邻班老师冲了过去，那样子好像要一口把邻班王老师给吞下去。

"冲呀……"在小土帽的带领下，全班的小朋友一起向邻班老师冲了过去，个儿高的挠她的胳肢窝，个儿矮的抱着她的腿不让她走，还有的拉着她的手，不让她有任何反抗的机会，直到邻班老师倒在地上，小朋友才肯罢休。

　　小丫问：百合花有什么作用?

　　妈妈答：百合花主要用来观赏，尤以荷兰及日本输出的切花品种居多。百合花的球根含丰富淀粉质，部分更可作为蔬菜食用，在中国，食用百合具有悠久的历史，而且中医认为百合性微寒平，具有润肺止咳、清火、宁心安神的功效，花鳞状茎均可入药，是一种药食兼用的花卉。

亲子乐园

折纸游戏

　　亲爱的小朋友，你会折百合花吗？在爸爸妈妈的指导下，参照示意图一步一步完成，相信你折出四瓣百合花一定很漂亮哦！

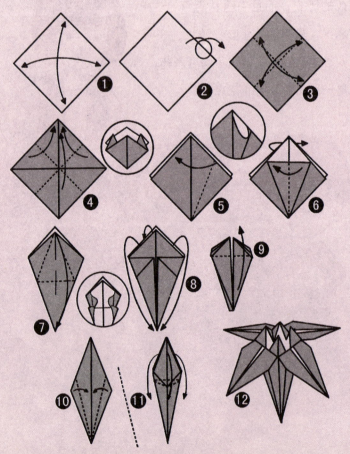

天香百合月20日　星期六

天气：穿了一件线衣好像也不觉得热

对不起，您拨打的电话已关机

今天，妈妈心情不坏，站在镜子前转了一圈又转一圈，你是没看见妈妈当时的样子，每转一圈儿，笑容就更灿烂一次。

"亲爱的，帮我看下，这双鞋子配什么颜色的衣服会比较好。"妈妈问。

"都好。"爸爸眼睛一直盯着他的报纸随口答道。

"你看都没看一眼，怎么知道的？你这叫敷衍了事。"妈妈不高兴地白了爸爸一眼说，"你一回到家除了看报纸还是看报纸。今天晚上你就让报纸帮你焐脚吧！"

"不看了，不看了，报纸哪有我老婆大人好看的呀！"

爸爸放下报纸讨好妈妈说，"我老婆大人这种S形的身材穿什么衣服都好看。"

我发现妈妈刚才还阴着的脸即刻又喜笑颜开起来，还故意佯装道："去，去，去，一边待着去，我才不要你帮我看呢。"

真搞不懂，大人怎么总是喜欢说一些口是心非的话。

"亲爱的，我有件事得和你商量一下。"爸爸一本正经地说。

"什么事？"妈妈一边回答着爸爸的问题，一边继续照她的镜子。

我原以为妈妈听了爸爸的话，会和以往一样赶紧丢下手上的事儿打破砂锅问到底，没想到……唉！我这爱打扮的妈妈，我拿她真是没办法。

"我想把小区外朝阳的那间房子给租下来。"爸爸说。

"那间房子已经破旧不堪了，你租下来干吗？妈妈对爸爸的话甚为不解，"你开玩笑的吧？"

爸爸说他是认真的。

妈妈的衣服和鞋子多得衣橱、鞋柜已经装不下了。那些不穿的衣服鞋子扔了怪可惜的，因为它们看上去简直和刚买的没两样，所以爸爸认为最好的办法是租间屋子开一家淘宝店——专卖二手衣服和鞋。

听了爸爸的话，妈妈气得一直扭着她的小蛮腰。我真担心，一个不小心妈妈会闪了腰。

"你的说法有点夸张过了头。"妈妈很讨厌爸爸这样说她。

妈妈还说，她已经一个礼拜没有买衣服和鞋子了。

"你脚上的鞋子就是刚买的。"爸爸指了指妈妈脚上的鞋子。

"你搞不清楚状况就别乱发言，这双鞋子不是新买的，是早就买了，没穿过而已。"妈妈反驳着。

爸爸说妈妈买了东西还不敢承认，这就叫作敢做不敢当，典型的耍赖行为。

妈妈说爸爸没事找事儿，典型的找碴儿行为。

两个人就这样你一句我一句地吵了起来，吵了一会儿，爸爸嘭的一声关上房门坐到了客厅里，妈妈一个人待在她房间里。

一个是我亲妈，一个是我亲爸，两个人我都得罪不起，所以，我一个也不帮，待在自己的小书房里看故事书。

一会儿，爸爸喊我。

“什么事儿？”我从门缝里伸 出脑袋。

“小丫，问问你妈妈 我那条蓝格子的领带放在哪里。”爸爸一脸 不高兴地说。

“你为什么不自己 去问她呢？妈妈就在你们房间里。”我说。

“我们正在闹别 扭呢，我去说有点不好意思。”爸爸说。

我敲了半天门妈 妈都没理我，我想，妈妈大概是把我当成爸爸 了。

“老方法，发短信问吧。”我拿起爸爸的手机说。

“手机的主人你好，请问我的蓝格子领带你放在哪儿？蓝格子领带的主人一会儿要出门。”我按照爸爸要说的意思，飞快地按着手机键。

嘟嘟嘟，大约两分钟后爸爸收到一条短信——蓝格子领带主人你好，我不知道你的蓝格子领带放在哪儿。

“手机主人请你好好想想，我的蓝格子领带到底放在哪儿。它可是一直由你保管的，你负责的。”爸爸听了我读的内容后想了想说。

嘟嘟嘟，大概还是两分钟的时间妈妈回短信过来了——蓝格子领带的主人你好，从现在起，你的东西全部由你自己保管。

　　"手机主人你好，你的意见我可以考虑，但是你必须先把蓝格子领带找到后移交给我，我才可以保管，明白了吗？"我又再次按照爸爸的指示把短信发出去了。

　　"蓝格子领带主人你好，要想知道领带在哪儿，请跟我道歉。"嘟的一声又收到了一条短信。

　　"手机主人你好，我没错道什么歉？"嘟的一声，一条短信发出去了。

　　"蓝格子领带主人你好，咱们骑驴看唱本——走着瞧。"嘟的一声又来了一条。

　　"手机主人你好，我怎么觉得你有点不可理喻呢？"嘟的一声又发出去一条。

　　一分钟过去了没有收到短信。

　　两分钟过去了没有收到短信。

　　三分钟过去了还是没收到短信。

　　四分钟过去了还是没收到短信。

　　五分钟……

　　六分钟……

　　七分钟……

　　八分钟……

　　……

　　大约十五分钟过去了，还是没有听到爸爸的手机发出嘟嘟嘟的声音。奇怪了，到底怎么回事儿呢？妈妈不会是睡着了吧？

急着出门的爸爸再也捺不住性子了，从我手中把手机拿了过去，熟练地在手机键上按着妈妈的手机号码。

"对不起，您拨打的电话已关机……"

一会儿工夫，短信就花去了九毛钱，我的手还跟着受累了。

小丫问：手机蓝牙技术仅仅可以用于手机与手机、手机与电脑相互间的传递吗？

妈妈答：蓝牙技术不仅仅局限用于手机与手机、手机与电脑相互间的传递，在将来它还可以拥有更多的朋友呢！它可以和家电、汽车以及还有一些其他的电子产品都成为朋友，组成一个巨大的无线通信网络哟！

亲子乐园

连字母游戏

亲爱的小朋友，下面的英文字母可以编出哪种品牌的手机？

Nokia

N

K O A I

月　　日　　星期

天气

亲爱的小朋友，把你觉得好玩的事写下来哦！

智力大冲浪

1. 为什么饼干放在空气中会变软？

　① 饼干吸收了空气中的水分。　② 有人不小心把水洒到饼干上了。

　③ 女巫给饼干施了魔法。　　　④ 饼干过期了。

2. 选出下面不是国产牌子的手机：

　① 联想　② 海尔　③ 三星　④ 康佳

3. 选出下面适合在母亲节送给妈妈的花：

　① 玫瑰　② 菊花　③ 康乃馨　④ 桂花

4. 关于蓝牙技术下面说法错误的是？

　① 蓝牙技术会发出蓝光。

　② 蓝牙取自10世纪丹麦国王哈拉尔德·布鲁图斯的别名。

　③ 用手机蓝牙发图片、音乐不需要花钱。

　④ 1994年由爱立信公司率先提出的短距离无线通信的"蓝牙技术(Bluetooth)"。

答案：

　1. ① 饼干吸收了空气中的水分

　2. ③ 三星

　3. ③ 康乃馨

　4. ① 蓝牙技术会发出蓝光

天香百合月22日　星期一

天气：果子老师说我的小手有点凉

"小兵"？还是"小便"？

音乐课上，果子老师边弹钢琴，边教我们唱歌。

瞧！小土帽和小呆瓜唱得特有劲儿，唱得脖子上的筋都凸了出来、唱得坐在凳子上的屁股扭动了起来、唱得额头上冒汗了、唱得屁股都离开了板凳、唱得四只脚不由自主地离开了座位。

"你们要小便吗？果子老师转过身来问。

"不要。"小土帽和小呆瓜异口同声地说，他们很少有这样的默契，真可是破天荒地头一遭。

"那你们是要来唱歌吗？"果子老师又问。

"不是。"小土帽、小呆瓜一起摇摇头说。

"那你们要干吗呢？"果子老师接着问。

"我不要干吗。"小土帽看看小呆瓜说，"你要干吗吗？"

"我也不要干吗。"小呆瓜说。

"果子老师，我们都不要干吗。"小土帽，小呆瓜相互看了一眼，然后看着果子老师说。

　　无奈，果子老师转过身，继续弹着钢琴。

　　奇怪了，刚才背对着我们弹琴的果子老师是怎么发现小土帽和小呆瓜离开了座位的呢？二郎神有三只眼，难道果子老师长后眼了吗？

　　我怎么想也想不通，有问题憋在心里可难受了。一瞬间蚂蚁、虫子……全都出动了，在我心里爬来爬去。

　　"哈哈！我到果子老师的钢琴里了。"

　　"哈哈，我也到果子老师的钢琴里了。"

　　正当我心里憋得难受时，小土帽和小呆瓜又一惊一乍地叫了起来。

　　小土帽和小呆瓜正一左一右地走到了果子老师的后面，丝毫没有要回到自己座位上的意思。

　　"你们两个小家伙到底想干什么呢？"果子老师转过身来问。

　　"果子老师你怎么总是问我们想干什么呢？"小土帽和小呆瓜一脸无辜地看着果子老师说，"我们真的没想干什么。"

　　"咦！我们也到果子老师的钢琴里了。"所有的小朋友都欢呼起来，一下子教室里好像突然飞来了一百只麻雀，叽叽喳喳着。

我发现我也在果子老师的钢琴里了。瞧！翻开的琴盖油亮亮的，像一面镜子映着我们的影子。刚才想不通的问题，一下子找到了答案，果子老师没有长后眼，她是从像镜子一样明亮的钢琴盖上看到来回走动的小土帽和小呆瓜。

果子老师说："快回座位上去，我们一起继续小兵……"

"哦，哦，哦，下课小便去了……"同学们一哄而散。

"我的天啦！我说的是继续小兵的歌词练习，不是让你们去小便。"教室里只剩下果子老师一个人在嘀咕着，可惜谁也没听到她的嘀咕声。

　　或许你们要问，我是怎么知道的，小便完回教室时，我刚好听到果子老师在发脾气。

　　小丫问：钢琴属于什么乐器？

　　妈妈答：钢琴是源自西洋古典音乐中的一种键盘乐器，普遍用于独奏、重奏、伴奏等演出，用于作曲和排练音乐十分方便。

亲子乐园

想一想，画一画

　　小丫和同学一起参加西洋器乐合奏，请你帮她选择正确的西乐，并在括号内画"√"。

发呆的果子老师

　　果子老师大概是昨天被我们气坏了，看上去好像有点不太高兴。

　　每当果子老师心情不好时，她也喜欢学我，坐在椅子上托着下巴发呆，什么时候托着下巴的手累了，再趴桌上发呆。

　　"果子老师今天是我生日。"小呆瓜拉着果子老师的衣角说。

　　唉！真不知道小呆瓜是看不懂别人的脸色，还是刚来不久没发现果子老师的特性。

　　果子老师发呆就是生气、生气就发呆，简单地说，发呆=生气、生气=发呆。两个词交换一下位置，意思不变，就像我们前天学习的加法算式交换两个加数的位置和不变。

　　我们都以为果子老师会这么说，去，去，去一边待着去，别烦我。果子老师发呆时最不喜欢别人打扰她了。我也是，因为有时发呆会想到好玩的事或是好吃的东西。

没想到果子老师却说，祝你生日快乐哟！

我想，大概因为今天是小呆瓜的生日，果子老师不想和他一般见识，所以没有发脾气。

或是果子老师才发了一会儿呆，还没想到什么好玩的事或是好吃的东西吧！

记得有一次我趴在桌上发呆，想着自己正准备吃汉堡。

这时，小土帽扯着嗓子喊我的名字，把我吓了一跳，因此到嘴边的汉堡就这样没了。

为了这件事，我三天没和小土帽说话，小土帽说我小气，为了一个假汉堡竟然三天不理他。想起到嘴了的汉堡就这样没了，我就一肚子的气，不说了。

说完祝福小呆瓜的话，果子老师又继续用手托着下巴撑在桌上发呆。

"果子老师，今天是我生日。"小呆瓜站到了果子老师的对面。

"嗯。我知道了。"果子老师漫不经心地说。

小呆瓜觉得果子老师没有重视他的话，有点不情愿地走开了。

"果子老师今天是我8岁生日。"刚走几步的小呆瓜又走了回来。

"嗯。我知道了今天是你8岁生日。"果子老师大概手撑累了，趴在桌上说。

"果子老师今天是我第一次过8岁生日。"真不知道小呆瓜到底想干什么？一会儿生日，一会儿8岁生日，再一会儿又是第一次过8岁生日。

"嗯。我知道了今天是我第一次过8岁生日。"果子老师重复着和小呆瓜一样的话。我真担心果子老师会真的呆掉，因为今天果子老师发呆的时间有点长了，大概有吃十个肉包子的时间。

"错了，是我过生日，不是你过生日。"小呆瓜急了，气呼呼地说完扭头就走。

"小呆瓜你一直在我耳边嘀咕什么呀？"果子老师大概发完呆了，站了起来。

"今——天——是——我——第———次——过——8——岁——生——日。"不管三七二十一小呆瓜闭着眼睛扯着嗓子大声说。小朋友都不知道小呆瓜什么时候学会了果子老师发脾气的样子，当然我也不知道。

"哦！

小呆瓜对不起哟！果子

老师忘记对你说生日快乐

了。"果子老师看上去有点

不好意思。

　　完了，果子老师大概真的

呆了，她已经完全忘记刚才她已经对小呆瓜说过，祝你生日

快乐了。

　　小丫问：漫不经心什么意思？

　　妈妈答：漫不经心就是随随便便，不放在心上。

亲子乐园

生日贺卡

亲爱的小朋友，在爸爸妈妈生日时，亲手为他们做一张爱心贺卡吧！相信他们一定会很喜欢的哟！

材料：各色的卡纸、荧光笔或是水彩笔（多色）、各款美图、剪刀一把、胶水、（双面胶也行）。

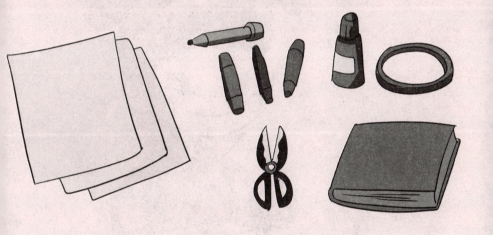

步骤：

一、剪好图片，按照自己的想法重新拼贴在一起；或是在剪好的卡纸上，画上祝福类的图形，然后涂上合适的颜色。

二、在明显的地方写上祝福的话语：爸爸（妈妈），是您，把我带到了这个美丽的世界；是您，赋予我生命；是您，让我在遇到风雨时可以停歇……永远感谢您！我亲爱的爸爸（妈妈）！

天香百合月24日　星期三
天气：两个人睡好像不冷

神奇的蓝宝石

　　今天上午除了上课的时间，大家都在研究小呆瓜昨天到底想要做什么。

　　不过，这个话题研究了半天，也没个结果。或许你们会认为是研究的时间不够长，事实并不是这样，整整一上午的时间足够把一件事说清楚了，可小呆瓜就是死活不说。

　　时间比那四条腿的兔子跑得还快，上午的时间很快就过去了，很快就到了中午午睡的时间。

　　大家躺在床上怎么也睡不着。我也和大家一样也睡不着。数绵羊试过了——不管用，把被子夹在两腿之间也试过了——也不管用，能试的办法我都试过了，最后都是以失败而告终。

　　都怪小呆瓜不把事件说清楚，害我们大家都没法睡着。

119

怎么办呢？

怎么办呢？

怎么办呢？

我绞尽脑汁地想着这个问题，想了半天答案只有一个——想办法让小呆瓜说出来。可是怎么才能让他心甘情愿地说出来呢？

威胁他？

不行。我摇了摇头，赶紧把这个不好的想法给赶跑了。

打他一顿？

也不行。打人可是要犯法的，我可不能让我妈妈伤心。

哄他？

也不行。小呆瓜又不是邻居家的小妹妹，大概不是一块巧克力就能哄骗的。

交换？

对，用蓝宝石和他交换，一定行。

前天小呆瓜就吵着要用他的新买的水彩笔换我的蓝宝石——一天早上醒来，我发现枕头边有一个蓝色透明东西。

当我把蓝色透明的东西放在眼前时，发现了一个天大的秘密——眼前的东西由一件变成好多好多，如果你有一块米老鼠的橡皮只要你用蓝色透明的东西看，那你就能看到很多很多的米老鼠橡皮，我数到100时还有许多没数完。

　　真的，不信的话你可以自己试试，可神奇了，所以我给它取名为蓝宝石。

　　第二天，我到学校把这件事告诉了大家，胖丫说，一定是圣诞老人送给我的礼物。

　　小土帽说胖丫说得不对，圣诞节是12月25日还早着呢！这样的话，蓝宝石应该是魔法师送给我的礼物。

　　小核桃说，魔法师要送也应该是送宝盒，蓝宝石应该是女巫送给我的礼物。

　　被大家这么一说，这颗蓝宝石越来越神秘了。大家都想得到它，蓝宝石究竟是哪儿来的，我也不知道。

　　对，就用蓝宝石和他交换，虽然我有点舍不得。不过，以后我还可以再用别的东西把它换回来，这样一想我就觉得没什么舍不得了。

　　"小呆瓜你把昨天要说的事儿说出来，我给一样东西你行吗？"我用手捂着嘴巴看着我邻床的小呆瓜央求道。

　　"不。"小呆瓜翻了个身把屁股对着我。

　　"我用蓝宝石和你交换。"我不死心地说。

　　"你真的肯把蓝宝石给我？"小呆瓜听到蓝宝石来劲儿了，赶紧转过身来。

　　当真的要把蓝宝石给小呆瓜时，我又有点舍不得了。我紧紧地握着蓝宝石，迟迟不肯把手松开。

　　"骗人的人可是小狗哟。"小呆瓜看我有点舍不得的样子，担心我会说话不算话。

　　我想了很久才把握着蓝宝石的手伸了出去，小呆瓜赶紧

伸出手把蓝宝石拿走了。

"现在可以告诉我了，昨天你想说什么的吗？"我说。

"昨天是我第一次过八岁生日啊！"小呆瓜说。

"这句我知道，还有呢？"我追问道。

"没有了。"小呆瓜说。

"我们从早上一直问你，你怎么不说。"我有点不相信小呆瓜的话。

"我就是没得说了，才不说的呀。"小呆瓜一脸无辜地看着我，然后接着继续摸现在已经不属于我而属于他的蓝宝石。

小丫问：什么是宝石？

妈妈答：宝石是指那种经过琢磨和抛光后，可以达到珠宝要求的石料或矿物。

亲子乐园

量一量

　　小朋友请你用回旋针量一量，小呆瓜的家到学校、超市、邮局、医院分别有几个回旋针长？

学校

超市

家

医院

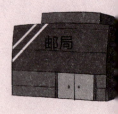

邮局

蓝宝石回来，又没了

　　一想到蓝宝石就这样白白送给了小呆瓜，我有点不服气。

　　前想后想左想右想我都觉得咽不下这口气，可又能怎么办呢？这是我和他说好的交换条件，反悔要回来，那就表示我是一个说话不算话的坏小孩。我可不想做一个说话不算话的坏小孩。

　　我暗自在心里发誓明天不和小呆瓜说话了。虽然发了誓，我还是觉得不解气，因为小呆瓜并不知道我不理他这件事。

　　我怎样才能让小呆瓜知道，我以后不理他了呢？小呆瓜就怕别人不理他。

　　我找来一个笨笨熊把它当作小呆瓜，然后把笨笨熊放在我对面。

　　"小呆瓜，以后我不想跟你说话了。"我对着笨笨熊说。

　　"你不理我，我就告诉果子老师。"我

捏着鼻子学着小呆瓜的声音走到笨笨熊那边说："果子老师说了，同学之间不可以闹别扭，要做好朋友。"

"你告诉果子老师，我明天的明天也不和你说话了。"我从笨笨熊那边又回到了刚才坐的位置上。

"我不告诉果子老师，你明天和明天的明天会和我说话吗？"我又跑回笨笨熊那边继续扮演小呆瓜。

"要我和你说话也行，你得答应我一个条件。"我跑回来说。

"什么……什么……条件，我……都……答……应。"几个来回我已经气喘吁吁了，但我还是坚持跑到对面笨笨熊那儿捏着鼻子继续扮演小呆瓜。

"把……蓝……宝……石……给……我，我……明天和明天的……明天都……都理你。"我实在没有力气跑了，干脆就把笨笨熊拿手上坐到椅子上。

"我把……把……蓝宝石……给……给你……那明天的明天的明天呢？"如果是小呆瓜他肯定继续问下去，因为他就喜欢问一些幼稚的问题，所以我得继续扮演小呆瓜。

"我……——一辈子都会和你做……做好朋友。"我说。

"蓝……蓝宝石还……还给你。"小呆瓜果然被我连哄带骗吓唬住了，乖乖地把蓝宝石给了我。

哈哈哈！蓝宝石又回来了。

"从放学到现在，你就一直在桌子旁边跑来跑去，时不时地还傻笑，不想做作业了是吗？"做饭的妈妈拿着炒菜的铲子从厨房跑了出来。

"哇哇哇……"我大哭起来，"刚回来的蓝宝石又没了，哪怕假装的也没有了……"

小丫问：蓝宝石有什么寓意？

妈妈答：蓝宝石给人高远天空、寂静大海的联想，空明而沉寂。自古以来，东方人把蓝宝石作为护身符，或作为圣物镶嵌在圣职用物之上。在西方人眼里，蓝宝石是"使人聪明之石"，象征着慈爱、诚实、智慧和高尚的品格。

亲子乐园

找规律

亲爱的小朋友，找出下面钻石项链的排列规律，把项链补充完整。

天香百合月26日　星期五
天气：太阳暖暖的

蓝宝石的来历

妈妈把我一会儿扮演小呆瓜，一会儿做我自己好不容易骗回来的蓝宝石又给弄没了，我气得一天都没和妈妈说话。

妈妈从昨天晚上就一直追问我，到底是怎么回事，我一个字也没说。

第二天我好像把这件事儿给忘记了，已经没有那么气了，结果吃晚饭的时候妈妈又把这件事给提了出来，惹得我眼泪吧嗒吧嗒地滴落下来。

"丫头有委屈说给我听，天掉下来妈妈帮你撑着。"妈妈看着哭得稀里哗啦的我又补充了一句，"妈妈撑不住还有你爸爸一起顶着。"

听妈妈这么一说，我哭得更厉害了，这两天的委屈一下

129

子全涌了上来。

"你这孩子究竟发生什么事儿了？你快说说呀。"妈妈看着哭得越来越厉害的我，急得有点不知所措了。

我断断续续地把蓝宝石的事儿告诉了妈妈。没想到，妈妈听完我的话非但没有安慰我反而哈哈大笑起来。

"哇哇哇……"已经快哭好的我，看到妈妈哈哈大笑的样子，鼻子一酸索性放声大哭起来。

"傻丫头，哭什么呀！芝麻绿豆大的事值得你哭得这么伤心吗？"妈妈笑得眼泪都流出来了。

"哇哇哇……"一直哭着也没意思，我想停下来不哭，可就是没办法停下来。

妈妈见我一直哭，不笑了。可是，她现在的情况好像有点和我相反，她想控制自己不笑，可就是没办法停下来。

"哈哈哈，妈妈你太好玩了。"看着妈妈想笑又拼命忍住不敢笑的样子我觉得特好玩，破涕大笑起来。

哈哈哈，妈妈看到我笑了，又继续大笑起来。

妈妈告诉我说，那颗神奇的蓝宝石其实是她发圈上的一个装饰品。前天晚上她给我讲完故事后，想把发圈拿下来去洗头，由于用力太猛不小心把发圈给扯断，她就顺手把"蓝宝石"放在我的床头。

听了妈妈的话，我觉得蓝宝石不再那么神秘了，怪不得我看着它有点眼熟呢！

　　对了，还有句话忘记说了，告诉你们，妈妈说——小屁孩就是小屁孩，捡个废铜也能当宝贝。

　　小丫问：蓝宝石的主要产地是哪？

　　妈妈答：蓝宝石的主要产地有澳大利亚、中国、印度、斯里兰卡、泰国、柬埔寨、越南、美国。

亲子乐园

涂色游戏

亲爱的小朋友，发挥你的想象，给下面的钻石项链涂上颜色吧！

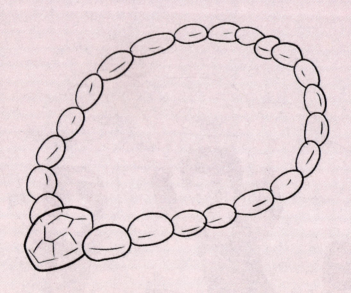

我到底什么时候才能长大呢？

折腾了我好几天的蓝宝石事件终于告一段落了，确切地说蓝宝事件到此结束，我的心情也一下子明朗起来。

昨天晚上知道了蓝宝石的来历后，我一口气吃掉了两根火腿、一个苹果、一罐旺仔、一袋薯片。

不知道我有没有告诉你们，我生气的时候喜欢拼命吃，高兴的时候也喜欢拼命吃。可能说过，也可能没说，不过，现在知道也不算晚。

相信不用我说，你们也知道昨天晚上拼命吃，是因为高兴。

妈妈说，人的心情除了高兴就是不高兴，我高兴的时候吃，不高兴的时候也吃，照这样的定律发展下去，我得成为我们班的第二个胖妞。

我对妈妈说，我不认同她的说法。因为我的心情除了不高兴还有很多——伤心、难过、愤怒、愉悦、愉快……这些

133

时候我是不用拼命吃的。

妈妈听了我的话又告诉我，她也不认同我的说法，她的理由是——伤心、难过、愤怒都是不高兴的意思，愉悦、愉快都是……高兴的意思。

听了妈妈的话我觉得她的理由听上去好像蛮有道理的，但如果仔细想想好像又不完全有道理，到底哪不对呢？我努力思考着。

"妈妈，你的话还是不对，人除了高兴、不高兴还有其他事儿要做的呀——睡觉、学习、走路、刷牙、梳头、上厕所……这些时间我没拼命吃的呀。"虽然我不太喜欢想问题，但是我又担心晚上数一百只绵羊还睡不着觉，还是努力地想着，功夫不负有心人，终于让我想到了。

"真是秀才遇到兵有理说不清了。"妈妈皱着眉头说，"唉！你这丫头什么时候才能长大。"

　　妈妈的前一句话我是没听懂，后一句话的意思我是听懂
了——问我什么时候才能长大，这个也是我一直关心、一直
想知道的问题。我到底什么时候才能长大呢？妈妈的话一下
子勾起了我的好奇心。

　　"妈妈，我是你生的吗？"我眨巴着眼睛问妈妈。

　　"当然了。"妈妈想都没想脱口而出。

　　"那我心里想什么你都知道是吗？"我继续问。

　　"那还用问？"妈妈一脸自豪充满自信的样子。

　　"那我什么时候才能长大呢？"

　　"再过几年你就长大了。"

　　"你明明知道答案，那你刚才怎么还问我什么时候才能
长大呢？"

　　"唉！这孩子到底什么时候才能长大呢？竟问一些莫名
其妙的问题。"妈妈摇摇头一脸无奈的样子。

　　"唉！这妈妈怎么总是喜欢问一些明明有答案的问题
呢？"我摇摇头一脸不解地看着妈妈。

　　唉！

　　唉！

　　一个是妈妈的叹气声，一个是我的叹气声。

　　唉！

　　这个是我们俩同时叹气的声音。

　　小丫问：薯片的主要成分是?

　　妈妈答：薯片的主要成分是马铃薯，马铃薯具有很高的营养价值和药用价值。

亲子乐园

学当小厨师

亲爱的小朋友。让爸爸妈妈两人来个凉拌土豆丝大赛，你做评委负责品尝，看看谁是你们家的厨艺高手！

凉拌土豆丝

原料：

新鲜土豆两个，干的红辣椒三四个，食盐，味精，醋，色拉油。

制作过程：

土豆洗净，去皮，切成细丝，用清水洗干净，控掉水分。在锅里加入少量色拉油，烧热，将红辣椒放进去，炸出香味为止（离锅远一些，千万注意别让辣椒油溅进眼睛里），放在一边待用。

锅中加清水烧开，将土豆丝下锅一焯，立刻捞出，再用冷水过凉，控掉水分，盛盘。

将炸好的辣椒油、少许醋、食盐，味精撒在土豆丝上，拌匀。又香又辣的凉拌土豆丝就做好了。

月　　　日　　星期

天气

　　亲爱的小朋友，一周的时间又在我们的欢声笑语中过去
了，赶快把你觉得好玩的事记下来吧！

智力大冲浪

一、选出"漫不经心"的反义词。

　　① 掉以轻心　② 专心致志　③ 漠不关心　④ 聚精会神

二、钢琴与下列哪两种乐器并称为世界三大乐器?

　　① 古典吉他　② 二胡　③ 小提琴　④ 古筝

三、下面哪些宝石属于有颜色的宝石?

　　① 红宝石　② 蓝宝石　③ 祖母绿　④ 钻石

四、关于马铃薯说法不正确的是?

　　① 马铃薯中含有大量的碳水化合物。

　　② 马铃薯中含有蛋白质。

　　③ 马铃薯中含有大量的维生素A。

　　④ 马铃薯中含有矿物质(磷、钙等)。

答案:

　　1.② 专心致志　④ 聚精会神

　　2.① 古典吉他　③ 小提琴

　　3.① 红宝石　② 蓝宝石　③ 祖母绿

　　4.③ 马铃薯中含有大量的维生素A。

我不想属猴了

果子老师给我们讲了一个关于魔法师的故事。下课的时候，大家都在谈论关于魔法师的事儿。

世界上到底有没有魔法师呢？这是我们大家最最关心的问题，理所当然这也是近期的热门话题。

同学们自由组织了几个辩论小组，我、小核桃、胖丫、小土帽、小呆瓜五个人组成了一个组。

比赛规则是，我们这一组如果超过一半儿以上的人都同意世界上有魔法师，那世界上就有魔法师。如果我们这一组的人有一半儿以上不同意世界上有魔法师，那世界上就没有魔法师。

辩论大赛正式开始了。

"世界上肯定有魔法师，要不河里的小蝌蚪怎么过一段时间后就变成青蛙了呢？一定是魔法师施了魔法。"不太爱说话的小核桃细声细气地说。

平时小核桃对什么事都是事不关己高高挂起。不过，只要说起关于魔法师、女巫、圣诞老人的事儿，她即刻会来个一百八十度的大转弯，让你对她的转变一时半会儿还适应不了，幸好我们是她的同学，早就习惯了。

"你们会不会太幼稚了，竟然会相信世界上真的有魔法师。"小土帽不屑地说，"那些都是骗小孩子的把戏。"

"果子老师说，有童心的人就能看到魔法师，小土帽你已失去童心了。"胖丫说，"我也相信世界上有魔法师，魔法师能让毛毛虫变成蝴蝶。"

"如果没有魔法师，竹笋怎么会变成竹子的呢？"小呆瓜托着下巴歪着脑袋看着小土帽。

小土帽没想到一向什么都听他的小呆瓜也不赞同他的意见，气得狠狠地瞪了小呆瓜一眼。

到目前为止世界上有没有魔法师的辩论大赛以3：1的结局已经得出胜负。我的一票已经不重要了，无论我的一票是否投给小土帽，他输定了。虽然我很希望世界上真的有魔法师，但是为了顾及一下小土帽的面子，我决定弃权，否则他会输得更惨。

想知道我希望世界上有魔法师的原因吗？——我属猴好多年了，觉得没意思，我想魔法师能施个魔法让我属龙。

小丫问：猴在十二生肖中排第几位？

妈妈答：猴在十二生肖中排第九位。

亲子乐园

猜一猜

亲爱的小朋友，读完下面文字，请你画出谜底。

一物像人又像狗，

爬竿上树是能手，

擅长模仿人动作，

家里没有山中有。

天香百合月30日　星期二
天气：嘴唇不知道怎么变成青色的了

看什么都不顺眼的妈妈

"不得了了。"刚走到我房门口，妈妈就惊叫起来。不知道的人还以为我家遭抢劫了呢，幸好，邻居们都习惯了我妈的惊叫声，否则110的警车早早就停在楼下了。

妈妈总是很容易受到惊吓——她看到我把喝完的牛奶盒子扔在地上她会惊叫，她看到我穿着布鞋在外面踩水坑她会惊叫，她看到我磕满一地的瓜子壳她会惊叫，她看到我用胶水把自己的屁股和沙发粘在一她会惊叫，她看到我拿她的口红在嘴唇上抹来抹去她更会惊叫得厉害……真不知道我这妈妈什么时候能够改掉这大呼小叫的习惯。

"我真不知道怎么说你这个孩子才好。"看着半空中翩翩起舞的纸片、地上铺满的纸片，妈妈站在房门口一副气急败坏的样子。

144

我一声不吭，一言不发。以我多年来的经历得出一条宝贵的经验——妈妈唠叨发脾气时，我最好是保持沉默，否则妈妈会进行拒绝煮饭大罢工，那样我的胃可就惨了。

"我刚刚才帮你打扫好的房间，又脏成这样。"妈妈双手叉着腰站在房门口继续唠叨着。

可能她很想走进来揍我一顿，可是乱糟糟的房间实在找不到一条能走到我这儿的路。

"以后你的房间你自己打扫我再也不帮你打扫了，你太不尊重我的劳动成果了。"妈妈可不管我有没有听到她的话，一直在说。

我还是一声不吭，一言不发。

"你回家什么事儿都不管，就知道跷起二郎腿看报纸。"妈妈见我一言不发，从而转移了目标，转过身子把目标锁定到了坐在椅子上看报纸的爸爸。

爸爸赶紧放下报纸也学我一声不吭，一言不发，走到房间用脚把铺天盖地的纸屑用脚挪到墙角。

"天啊！你竟然用脚，你不会用手捡吗？你是故意用脚把纸弄脏了，等一会儿我用手捡时，好把我的手弄脏是吗？"妈妈想了想大概觉得不解气接着又说，"告诉你们，今天我说不打扫就不打扫了。"

妈妈有时就是这样固执。

在我和爸爸的努力下，房间的地面上逐渐恢复了原来的样子，妈妈走了进来。

"天啊！我的脸怎么变得这么难看了？"妈妈从镜子看到自己生气的样子。

蹲在地上捡纸片的爸爸和我，被妈妈的惊叫声吓了一跳。但是我们只是偷偷地用目光交流了一下，还是一声不吭，一言不发。

"不好，我的头发都开叉了，我得抽个时间上美容院把头发好好护理一下。"妈妈不满意地在镜子前摆弄着自己的头发。

我们继续整理房间。

"这个痘痘什么时候跑到我脸上的呀？"妈妈对着镜子用手在脸上挤来挤去，"我今天怎么看怎么就不满意自己的脸呢？"

"都怪你们，总是让我操心，害我变得越来越老。"虽然我和爸爸已经做了最大的让步一声不吭，一言不发，可妈

146

妈还是一直唠叨着。

你们说，人生气的样子能好看吗？这么简单的道理妈妈怎么就不明白呢？

唉！有时我和爸爸真的拿我这个看自己都不顺眼的妈妈没办法。

小丫问：人的头发为什么会开叉？

妈妈答：人的头发过于干燥、营养不足，经常使用碱性过强的洗发液、阳光曝晒以及不恰当的染发、烫发、电吹风等均可引起头发开叉。

亲子乐园

小丫妈妈分水果

　　小丫妈妈把盘子里的水果全部分给小丫和小土帽。请你根据分给小丫的水果数量，想一想小土帽盘子里的水果该是多少呢？请在小土帽的盘子里画出来。

妈还是一直唠叨着。

你们说，人生气的样子能好看吗？这么简单的道理妈妈怎么就不明白呢？

唉！有时我和爸爸真的拿我这个看自己都不顺眼的妈妈没办法。

小丫问：人的头发为什么会开叉？

妈妈答：人的头发过于干燥、营养不足，经常使用碱性过强的洗发液、阳光曝晒以及不恰当的染发、烫发、电吹风等均可引起头发开叉。

亲子乐园

小丫妈妈分水果

　　小丫妈妈把盘子里的水果全部分给小丫和小土帽。请你根据分给小丫的水果数量，想一想小土帽盘子里的水果该是多少呢？请在小土帽的盘子里画出来。

智力大冲浪

一、选个有效可以保护头发的方法。

① 平时多吃含钙和维生素丰富的食物。

② 不要过频地烫发，尽量少用电吹风。

③ 经常在阳光下直接照射。

④ 选择合适自己头发的洗发液，洗后再用护发素护发。

二、关于猴子生活习性说法错误的是？

① 猴子大多为杂食性，吃植物性或动物性食物。

② 猴子每年繁殖1~2次

③ 猴子的寿命一般是20年左右。

④ 猴子的祖先是孙悟空。

三、龙和下面哪三种动物一起并称为"四神兽"？

① 白虎

② 玄武

③ 狼

④ 朱雀

四、《西游记》中的四海龙王是？

① 东海敖广

② 西海敖钦

③ 南海敖润

④ 北海敖顺

⑤ 东海鳌拜

答案：

1.① 平时多吃含钙和维生素丰富的食物。② 不要过频地烫发，尽量少用电吹风。④选择合适自己头发的洗发液，洗后再用护发素护发。

2. ④ 猴子的祖先是孙悟空。

3. ① 白虎 ② 玄武 ④ 朱雀

4. ① 东海敖广

   ② 西海敖钦

   ③ 南海敖润

   ④ 北海敖顺